ごきげん朝ごはん

「そうだ、あれ食べよう！」は最高のめざまし

若山曜子

講談社

はじめに

旅行で香港に行ったときのことです。朝食に屋台でなにか食べようとキョロキョロしていたら、"香港式"だというフレンチトーストに出会いました。その正体は、ピーナッツバターをはさんで練乳たっぷり、しかも焼くというより揚げたフレンチトースト。友人と「カロリー高そうだね」と笑いながらアツアツを頬張ると、その幸福感たるや！　朝から元気いっぱいになったものです。

日本に帰ってからも、ときどき「朝だからカロリーは気にしなくてもいいよね」と、香港式フレンチトーストを作って幸福感を味わいます。そんなふうに旅行先で出会った朝食を真似ることもあれば、海外の料理本で見つけたパン料理やSNSで見かけた面白そうな卵料理に挑戦することも。ゆっくりできる朝は、そんな料理を自分なりにアレンジするのが楽しみのひとつです。

この本には、そういうふうに私が朝こっそりと面白がったり、楽しんだりしている朝ごはんのメニューを集めました。結果的にいろんな国の、そして国籍もない、私自身が「食べたい！」と思う料理ばっかりが並ぶことに。繰り返し作ったパンケーキやフレンチトーストもいつの間にかバリエーションが増えました。

朝は誰でも忙しいので、手の込んだ難しい工程はありません。朝はパンとコーヒーだけ、という人はトーストにちょっと工夫を、という感じです。ヨーグルトの水きりや生地をねかせるのは前日の夜にやっておきましょう。週末にはジャムを煮たり、スープは作りおきしておくのもいいですね。

手間をかけずに、でも楽しくておいしい朝ごはんを。それだけで、その一日がいつもとちょっと違ってきます。

目次

はじめに 2

第1章　10分でできる贅沢朝ごはん

きゅうりとヨーグルトの冷たいスープ　10
サルモレホ　12
ソパ・デ・アホ　14
豆乳オートミール　16
カリカリベーコンパン　18
蒸しパンプレート　20
板チョコバゲット　22
アボカドトースト　24
りんごとチーズのはちみつクロワッサン　26
レーズンシュガートースト　28
オイルサーディントースト　30
レバノントースト　32
プルアパートブレッド　34
ブリュレパン　36

第2章　フライパンひとつで作る定番朝ごはん

オーバーナイトパンケーキ　38
スフレパンケーキ　40
キャラメルパイナップルパンケーキ　41
基本のパンケーキ　42
チーズとコーンのパンケーキ　43
香港風フレンチトースト　44
クラシック・フレンチトースト　46
ココア・フレンチトースト　47
フレンチトーストのチーズサンド　48
揚げ焼きフレンチトースト　49

朝ごはんが楽しくなるコラム 1　バターを作ろう　50

第3章　フルーツで朝ごはん

フルーツサンド　52
フルーツジャーサラダ　54
フルーツボウル　56
フルーツグラノーラ　58

朝ごはんが楽しくなるコラム 2　サワークリームを作ろう　60
　　　　　　　　　　　　　　　　タプナードを作ろう　60

第4章　卵さえあれば

エッグスラット　62
ゆで卵のサンドウィッチ　64
エッグベネディクト　66
半熟卵のサラダ　68
目玉焼きトースト　69
プレーンオムレツ　70
オムレツサンド　71
フリッタータ　72
卵とトマトのココット焼き　73

朝ごはんが楽しくなるコラム 3　ポーチドエッグを作ろう　74

第5章　朝のスープ

グリーンピースのヴィシソワーズ　76
かぼちゃのポタージュ　78
丸ごと玉ねぎと大麦のスープ　80
きのこのクリームスープ　81
りんごのスープ　82
あさりとマカロニのスープ　83

朝ごはんが楽しくなるコラム 4　オムレツを上手に作ろう　84

第6章　パンのおともを作りおき

たんぱく質3兄弟
　　タンドリーチキンマリネ　86
　　サーモンのペースト　87
　　ゆで豆のマリネ　87

野菜3兄弟
　　キャロットラペ　88
　　野菜のエチュベ　89
　　なすのキャビア　89

ジャム3兄弟
　　キウイとバナナのジャム　92
　　赤ワイン風味のいちごジャム　92
　　キャラメル風味のりんごジャム　92

おわりに　93

タイムスケジュールインデックス　94

この本の決まり
・カップ1は200mℓ、大さじ1は15mℓ、小さじ1は5mℓです。
・電子レンジは600Wのものを使っています。
・卵はMサイズを使っています。
・砂糖は特に表記のない場合は上白糖を使っていますが、きび砂糖などを使ってもOKです。
・オーブントースターは機種によって焼き時間が異なるので、様子を見ながら焼いてください。
・オーブントースターがない場合は200℃（特に表記がない場合）のオーブンで様子を見ながら焼いてください。
・ジャムやサラダを瓶や保存容器で保存する場合、必ず事前に煮沸消毒してからお使いください。

第1章
10分でできる贅沢朝ごはん

朝はやっぱり忙しい。でも、朝起きてワクワクするような、一日で最初のごはんを楽しみたいものです。スムージーのようにサッと作れるスープや、いつものトーストにいろんな味をプラスするのも、簡単でワクワク。たった10分あれば作れるバリエーション豊かな朝食の世界！

きゅうりとヨーグルトの冷たいスープ

中近東や東欧では、こんな爽やかな色と味わいのスープがポピュラーです。きゅうりはやわらかくてミキサーでの撹拌も楽ちん。スムージーと言ってもいいくらいさっぱりして、消化もいいスープ。

材料(2人分)
きゅうり　1本
ヨーグルト　カップ1
生クリーム　カップ1/4
にんにくのすりおろし(なくてもOK)　少々
塩、こしょう　各少々
クミン(粉末)　少々
ミント　適量

1 きゅうりはへたを取ってぶつ切りにする。
2 ミント以外の材料をミキサーで撹拌する。
3 器に注ぎ、ミントを添える。好みで生クリーム少々(分量外)を垂らす。

point
とてもさっぱりしているのでハーブやスパイスで香りを添えます。特にミントは爽快なめざめを感じさせてくれるのでぜひ入れて。ほかにコリアンダー(粉末でも葉でも)、カレー粉を加えてもおいしいです。

サルモレホ

トマトベースで美しいピンク色のスープ。パン入りで食べごたえがあり、ゆで卵や生ハムからはたんぱく質も摂ることができます。生ハムの塩けでいただくスープです。

材料(2人分)
バゲット(約1.5cm厚さ。かたくなったものでOK)　½切れ
トマト　150g
ゆで卵　1個
生ハム　1枚
にんにく　¼かけ
オリーブオイル　大さじ1
ワインビネガー　小さじ1
塩　少々

1 バゲットは水に浸し、やわらかくなったらしっかり水けを絞る。
2 トマトは湯むきしてざく切りにする。
3 ゆで卵と生ハム以外の材料をミキサーで攪拌（かくはん）する。
4 器に注ぎ、食べやすく切ったゆで卵と生ハムを添える。

point
バゲットが食べきれずにかたくなってしまったらスープにするのがおすすめ。バゲット以外のパンでもおいしく作れますし、やわらかいパンで作ってももちろん大丈夫。お好みのパンを使ってみて。

ソパ・デ・アホ

こちらもかたくなったパンで作るスペインのスープ。「朝からにんにく?」と思うかもしれませんが、火を入れているので香りがやわらかく、食欲がわき、一日を元気に過ごすパワーをくれます。

材料(2人分)
バゲット(約1.5cm厚さ。かたくなったものでOK)　2切れ
プチトマト　2～3個
チキンブイヨン(市販の固形スープの素を分量の湯で溶いたもの)
　カップ2
にんにく　1かけ
オリーブオイル　大さじ1
イタリアンパセリ　適量

1 にんにくはつぶし、オリーブオイルとともに鍋に入れ、弱火にかける。
2 にんにくの香りが立ったらバゲットを入れて両面をこんがりと焼く。
3 ブイヨンを注ぎ、へたを取って縦半分に切ったプチトマトを加えて温める。
4 器に盛り、イタリアンパセリを添える。

point
にんにくはつぶして使うと香りが出やすくなります。めん棒などで軽くつぶしましょう。切らずにかたまりのままにしておけば、香りづけだけして食べる前に取り除くこともできますから、つぶしすぎないで!

豆乳オートミール

「オートミールは苦手」という人も多いようですが、私は大好き。ポイントは砂糖で、混ぜすぎずにジャリジャリとした質感を残します。きび砂糖など、素朴な甘みの砂糖ならなんでもOKです。

材料(2人分)
オートミール　60g
豆乳　カップ2
レーズン　小さじ2
バナナ(小)　1本
きび砂糖(またはメープルシュガー)　小さじ1
メープルシロップ　適量
シナモン　少々

1 鍋にオートミール、豆乳、レーズンを入れて弱火にかける。フツフツと泡が出るくらいの火加減で、混ぜながら2〜3分煮る。
2 器に盛り、皮をむいて食べやすい大きさに切ったバナナを添え、きび砂糖、メープルシロップ、シナモンをふる。

point
ドライフルーツを加えることで自然な甘さが広がり、ドライフルーツ自体も水分を吸ってふっくらと食べやすくなります。マンゴーやアプリコットもおすすめです。刻んで加えてください。

カリカリベーコンパン

朝からこってりしたものが食べたくなったら、おいしい脂のベーコンが大活躍！ パンも一緒にフライパンでトーストのように焼けば味がしみ込みます。焼いたレモンで爽やかさをトッピング。

材料(2人分)
山形食パン(6枚切りまたは4枚切り)　2枚
ベーコン　4枚
レモン　1個
メープルシロップ　適量

1 ベーコンは長さを半分に、レモンは横半分に切る。
2 フライパンにベーコンを入れて弱火にかけ、脂が出てきたらパンとレモンを加えて一緒に焼く。
3 パンがこんがり焼けたら、レモンとともに器に盛り、ベーコンにメープルシロップをからめて添える。
4 レモンを絞り、好みでさらにメープルシロップをかけながら食べる。

point
「甘じょっぱい」味を完成させるのがメープルシロップです。実はベーコンととても相性がよく、食べるときにもさらに加えたくなります。パンケーキとベーコンを食べるときもベーコンにたっぷりかけてみて。

蒸しパンプレート

せいろに好きなものを詰め込んで、蒸すだけででき上がり！ 少し寒い朝は、部屋が蒸気で温まるのもうれしいですね。木製のせいろなら、そのままテーブルに出してもいい雰囲気。

材料(2人分)
ロールパン　2個
ソーセージ　4本
ブロッコリー　適量
カリフラワー　適量
プチトマト　6個
タプナード　適量(作り方はP.60参照)

1 せいろは蒸気が出るまで温め、ソーセージ、ブロッコリー、カリフラワーを入れて2～3分蒸す。
2 パン、プチトマトを加えてさらに2～3分蒸す。
3 そのままテーブルに出し、タプナードをつけながら食べる。

point
冷凍しておいたり、かたくなってしまったパンもせいろで蒸すとふっくら温まっておいしくなるのでお気に入り。野菜はお好みのものを使って。タプナードがなければ塩やラー油でも、おいしく食べられます。

板チョコバゲット

フランスでは「ミルカ」というドイツのチョコレートを使うのが定番で、子供たちの大好物。大人の私も大好き。バターとチョコレートは焼いたパンの余熱で溶けかけたところがおいしいのです。

材料(2人分)
バゲット　½本
チョコレート　70g
バター　40g

1 バゲットは横から厚さを半分に切り、こんがりと焼く。
2 バター、チョコレートを順にのせてはさむ。

point
チョコレートもバターも好みの味を見つけてください。特にバターはちょっといいものを使いたいものです。私はカルピスバターやエシレ、ボルディエなど発酵バターを常備し、冷凍保存しています。

アボカドトースト

ニューヨークで人気の朝食メニューです。クリーミーなアボカドにコリアンダーやトマトなど、サラダ感覚で組み合わせてみて。カンパーニュなど、噛みしめるタイプのパンにも合う味です。

材料(2人分)
角食パン(6枚切り)　2枚
アボカド　1個
ライム果汁　小さじ1
オリーブオイル　小さじ1
カレー粉　少々
塩　少々

1 アボカドはフォークなどで粗くつぶし、ライム果汁、オリーブオイル、カレー粉、塩を加えて練り合わせる。
2 パンはオーブントースターでこんがり焼き、**1**を塗り、カレー粉(分量外)をふる。

point
カレー粉はメーカーによって味がかなり違います。私のお気に入りはフランスのエピス　ロランジェやイズラエルのもの。ちなみに、カレー粉以外でも、コリアンダーやクミン、タバスコを使ってもおいしいです。

りんごとチーズのはちみつクロワッサン

ブリオッシュや食パンでもおいしいのですが、クロワッサンを使うことでアップルパイのような雰囲気を楽しめます。りんごは薄く切って、シャキシャキした食感を出してください。

材料(2人分)
クロワッサン　2個
りんご(あれば紅玉)　1/4個
ブリーチーズ(または好みのチーズ)　30g
はちみつ　大さじ1

1 りんごは皮つきのまま芯を除き、薄切りにする。
2 クロワッサンは横から厚さを半分に切り、下半分に1のりんごを並べ、手でちぎったブリーチーズをのせ、はちみつをかける。オーブントースターでこんがりと焼く。
3 好みで仕上げにもはちみつ(分量外)をりんごの上にかけ、上半分のクロワッサンではさむ。

point
今回は白かびチーズのブリーを使いましたが、カマンベールやパルメザン、青かびのチーズなど、好みのチーズでもまた違った味わいになります。もしくはりんごとはちみつ、バターだけだって十分においしいですよ。

レーズンシュガートースト

バターと砂糖だけ。このシンプルな組み合わせは、フランスでは日常的にとても愛されている味です。普通の食パンでもおいしいのですが、私はレーズンパンとの組み合わせが大好きです。

材料(2人分)
レーズン入り山形食パン(6枚切り)　2枚
バター　大さじ1
砂糖(ブラウンシュガーがおすすめ)　大さじ1

1 パンにバターを塗り、砂糖をまんべんなくまぶしてオーブントースターでこんがりと焼く。

point
今回はトーストでバターと砂糖をパンになじませましたが、実は焼かなくてもおいしいんです。砂糖がジャリッとして、甘さがじゅわっと広がります。バターが塗りにくければ、軽く電子レンジにかけてやわらかくします。

オイルサーディントースト

学生のころ、外国の料理本で見つけて以来、大好きな味です。朝食にもいいのですが、ワインにも合って、おつまみとしても優秀ですよ。卵黄と残りの卵白はオムレツなどにしてください。

材料(2人分)
角食パン(8枚切り)　2枚
オイルサーディン　50g
玉ねぎのすりおろし　10g
パルメザンチーズ　15g
卵白　½個分
塩　少々

1 ボウルにオイルサーディンを入れてフォークなどでつぶす。
2 1に玉ねぎ、パルメザンチーズ、卵白、塩を加えてよく混ぜる。
3 パンに2を塗り、オーブントースターでこんがりと焼く。

point
オイルサーディンは味がとても強いので、まんべんなく塗れるようにしっかりとつぶしてペースト状にします。刻むよりもなめらかになるので、ドレッシングなどに使うときにも、ぜひつぶして使ってみてください。

レバノントースト

イギリスの料理雑誌で見たレバノン式のトースト。水きりヨーグルトを塗るのが定番です。濃厚だけれどバターよりはさっぱりした水きりヨーグルトは朝食にぴったり。柑橘の香りが似合います。

材料(2人分)
角食パン(8枚切り)　2枚
水きりヨーグルト　50g(ヨーグルト100gを2時間以上水きりしたもの)
ピスタチオ、くるみなどのナッツ類(砕いたもの)　大さじ3
ピンクペッパー(粒)　適量
レモン(またはライム)の皮のすりおろし　適量
塩　適量
オリーブオイル　適量

1 パンはオーブントースターでこんがりと焼き、水きりヨーグルトを塗る。
2 ナッツ類、ピンクペッパー、レモンの皮を散らし、塩をふってオリーブオイルをかける。

point
水きりヨーグルトを作るときはコーヒーフィルターとドリッパーを使うと便利ですが、ざるにキッチンペーパーを重ねてもOK。2時間以上おく必要があるので、前夜に冷蔵庫に入れて水けをきっておきましょう。

プルアパートブレッド

洋書で見つけた凸凹のパンに心を奪われ、さっそく作ってみました。切り目を入れたパンを、1つずつ指で引っ張り出すとチーズがとろ〜り。人が集まるときにも、こんなメニューなら楽しい。

材料(2〜3人分)
バタールまたはカンパーニュ(20cm長さの楕円形パン)　1個
シュレッドチーズ　100g
にんにくのみじん切り　1かけ分
バター　大さじ1
イタリアンパセリのみじん切り　大さじ1
松の実　適宜

1 パンは、底まで切らないようにして格子状の切り目を入れる。
2 にんにくとバターは混ぜ合わせる。
3 1のパンの切れ目の内側に2を塗り、チーズと、あれば松の実をまんべんなく詰め、イタリアンパセリを散らす。
4 オーブントースターでこんがりと焼く。

point
格子状に切ったひと切れずつを引っ張ってちぎりながら食べるので、食べやすさを考えながら切り目を入れてください。また、チーズも1ヵ所にかたまらないようまんべんなく詰めましょう。

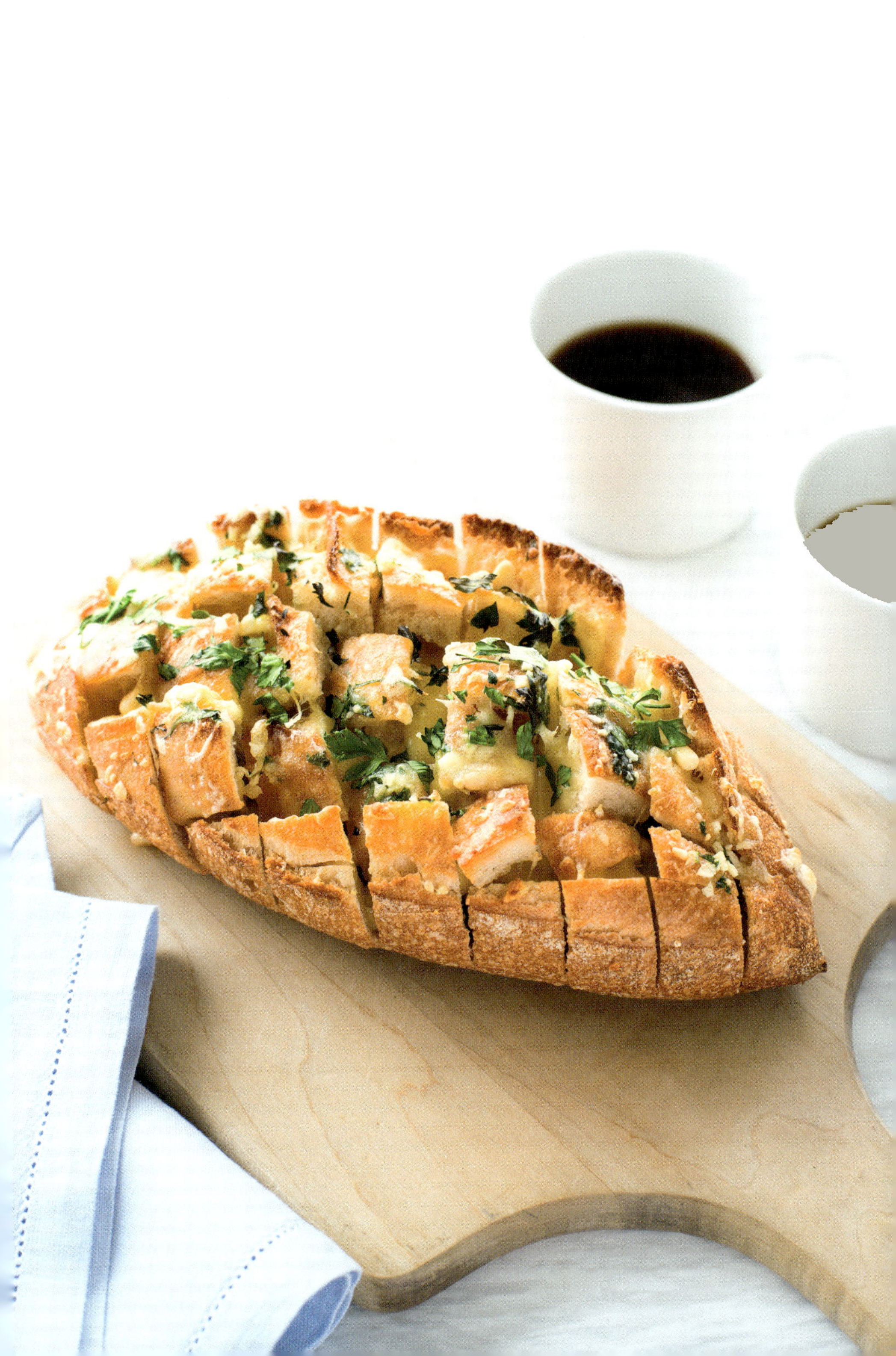

ブリュレパン

クレーム・ブリュレのような味わいをトーストで。パンがやわらかすぎて切り目が入れにくければ、少しだけオーブントースターで焼きましょう。焦げやすいので焼くときは目を離さないで！

材料（2人分）
角食パン（4枚切り）　2枚
卵黄　1個分
練乳　カップ1/4
グラニュー糖　大さじ1

1　パンは底まで切らないようにして格子状の切り目を入れる。
2　卵黄と練乳はよく混ぜ合わせ、1にまんべんなく塗る。
3　グラニュー糖をふりかけ、オーブントースターでこんがりと焼く。

第2章
フライパンひとつで作る定番朝ごはん

朝の時間を幸せにしてくれるものといったら、パンケーキにフレンチトースト！　前夜にパンケーキの生地を作ったり、フレンチトーストを卵液に浸したりしておけば、爽快なめざめは約束されたようなものです。フライパンで焼いて作る、幸せメニューをどうぞ。

オーバーナイトパンケーキ

「オーバーナイト」というだけあり、ひと晩かけて生地を発酵させます。イーストの香りがするもちもちのパンケーキが焼けるだけでなく、朝はフライパンで焼くだけという利便性も。

材料(直径12cm×6枚分)
薄力粉　150g
卵　1個
牛乳　カップ3/4
砂糖　大さじ1
ドライイースト　3g
バター　大さじ3
塩　少々
サラダ油　小さじ1

1 ボウルに薄力粉と塩を入れて泡立て器で混ぜる。
2 別のボウルに卵、牛乳、砂糖、ドライイーストを入れて混ぜる。
3 1のボウルに2を少しずつ加え、そのつど泡立て器で混ぜる。
4 バターを電子レンジで液状になるまで溶かし、3に加える。
5 ラップをかけ、冷蔵庫で6時間からひと晩ねかせる。
6 フライパンを中火で熱し、サラダ油を入れてキッチンペーパーで薄くのばす。いったんぬれ布巾の上に置いて温度を安定させる。お玉で5の1/6量を丸く流し入れ、弱火にかける。表面に気泡が出てくるまで1〜2分焼き、返してさらに1〜2分焼く。残りも同様に焼く。

point
冷蔵庫でねかせておくと、生地にプツプツと気泡が出てきます。これが発酵した証拠。生地の量も増えるので、大きめのボウルに入れてねかせましょう。香りのいい生地ができますよ。

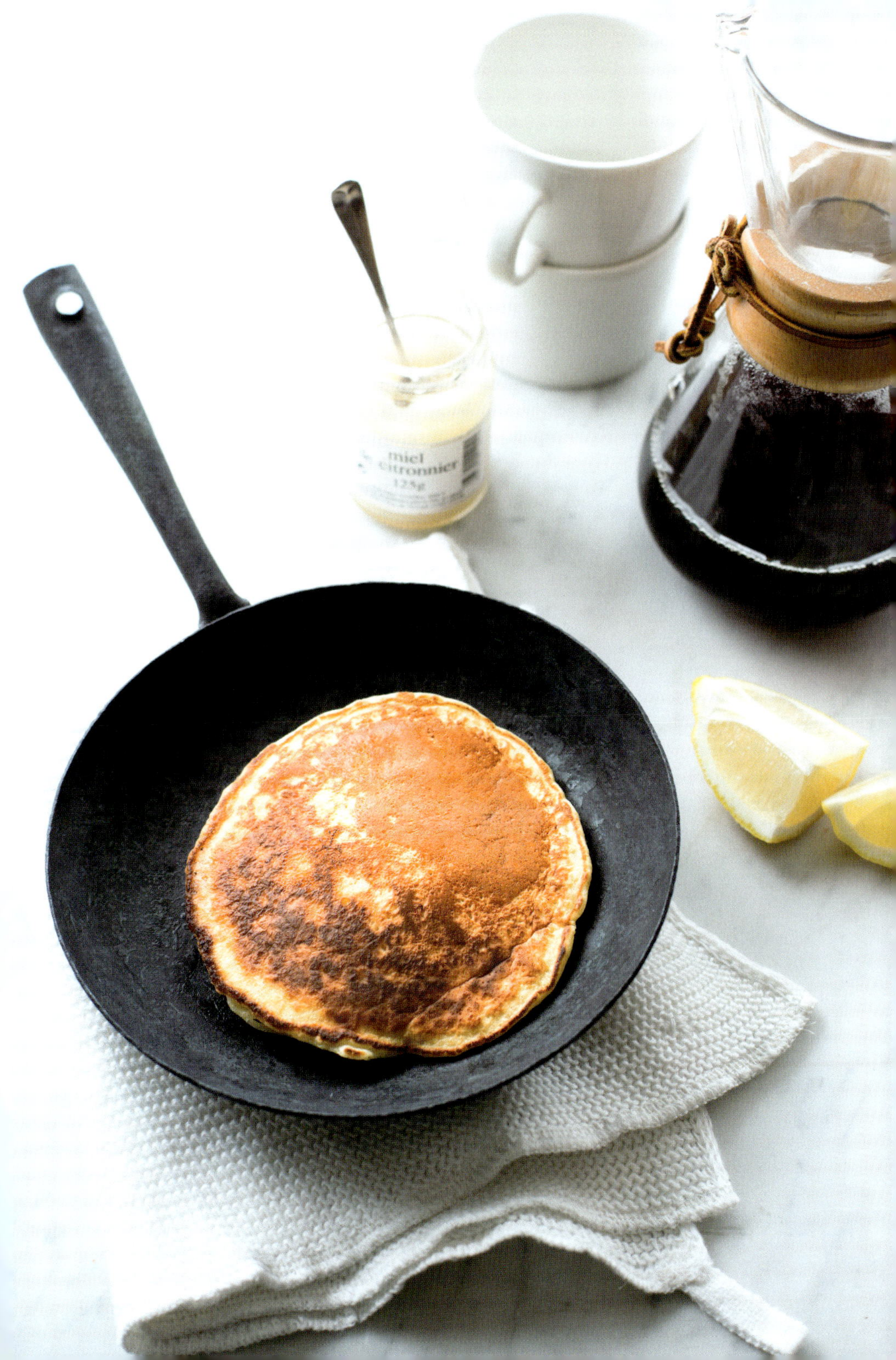
miel
citronnier
125g

スフレパンケーキ

メレンゲの力を使ってふくらませるパンケーキですから、とってもフワフワに仕上がります。厚みも出て、まるで絵本の中のパンケーキみたい。しぼみやすい生地なので一度に焼きます。

材料(直径16cm×1枚分)

A
- 卵　1個
- 卵黄　1個分
- 牛乳　カップ1/2

B
- 薄力粉　150g
- グラニュー糖　大さじ2
- ベーキングパウダー　小さじ1

卵白　1個分
グラニュー糖　大さじ1 1/2
サラダ油　小さじ1
粉糖　適宜

1 ボウルにAを入れ、しっかり混ぜる。
2 別のボウルにBを入れて混ぜ、**1**を少しずつ加えては泡立て器で混ぜる。
3 ボウルに卵白を入れ、グラニュー糖を少しずつ加えては泡立て、角が立つくらいまで泡立て**2**に加える。
4 フライパンを中火で熱し、サラダ油を入れてキッチンペーパーで薄くのばす。ぬれ布巾の上に置き温度を安定させる。お玉で**3**を丸く流し入れ、弱火にかけて、ふたをして焼く。表面が乾燥するまで5分、返してさらに2〜3分焼く。あれば仕上げに粉糖をふる。

キャラメルパイナップルパンケーキ

フワフワのスフレパンケーキにはみずみずしいフルーツがよく合います。特にパイナップルはジューシーで、甘さも豊かなトッピングになります。ハワイの朝食気分で作ってみてください。

材料(直径7〜8cm×12枚分)
スフレパンケーキ(P.40参照)の材料
　全量
パイナップルのシロップ漬け(缶詰)
　3切れ
砂糖　大さじ½
バター　大さじ½
粉糖　適量

1 パイナップルは4等分に切る。
2 フライパンを熱してバターを溶かし、1を入れて砂糖をふる。砂糖がキャラメル状になったら火を止める。
3 左ページと同様の手順で生地を作り、12等分して焼く。器に盛って2を添え、粉糖をふる。

基本のパンケーキ

朝食の定番ともいえる、ベーシックなパンケーキです。バターとメープルシロップは外せない組み合わせ。はちみつをかけてレモンをちょっと絞るのも私のお気に入り。すっきり目がさめます。

材料(直径12cm×4枚分)
A
　薄力粉　130g
　ベーキングパウダー　小さじ1
　グラニュー糖　大さじ1
　塩　1つまみ
卵　1個
牛乳　カップ1/2
バター、メープルシロップ　各適量

1 ボウルにAを入れ泡立て器で混ぜる。
2 別のボウルに卵と牛乳を入れてよく混ぜ、1に少しずつ加えてそのつど混ぜる。
3 フライパンを中火で熱し、バター大さじ1を入れて全体に広げ、余ったバターはキッチンペーパーなどで拭き取る。いったんぬれ布巾の上に置いて温度を安定させる。お玉で2の1/4量を丸く流し入れて弱火にかける。表面に気泡が出てくるまで1〜2分焼き、返してさらに1〜2分焼く。残りも同様に焼く。
4 器に盛り、バターを添え、メープルシロップをかける。

チーズとコーンのパンケーキ

しょっぱいパンケーキにはサラダやソーセージなどを添えて。チーズソースをとろりとかけて仕上げましょう。チーズソースが余ったら、トーストに塗ってもおいしいですよ。

材料（直径12cm×6枚分）
薄力粉　150g
ベーキングパウダー　小さじ1
粉チーズ　大さじ2
卵　1個
牛乳　カップ1/2
ホールコーン（缶詰）　120g
バター　大さじ1
ハム、トマト、イタリアンパセリ　各適量
チーズソース
　シュレッドチーズ（溶けるタイプ）　100g
　牛乳　カップ3/4
　片栗粉、水　各小さじ1
　塩、こしょう　各適量

1 チーズソースを作る。片栗粉と分量の水は混ぜる。小鍋に牛乳を入れて弱火にかけ、沸騰しないように注意しながら温め、水溶き片栗粉でとろみをつける。チーズを加えて溶けるまで混ぜ、塩、こしょうで味をととのえる。
2 パンケーキを焼く。ボウルに薄力粉、ベーキングパウダー、粉チーズを入れて泡立て器で混ぜる。
3 別のボウルに卵と牛乳を入れてよく混ぜ、**2**に少しずつ加えてそのつど混ぜる。全体が混ざったら水けをきったコーンを加えて混ぜる。
4 左ページの**3**と同様に6枚焼く。
5 器に盛り、**1**をかけ、刻んだイタリアンパセリとこしょう（分量外）をふる。焼いたハム、トマトを盛り合わせる。

香港風フレンチトースト

香港で出会ったフレンチトーストはとっても魅惑的なものでした。
あまりにもこってりしていたので、少しあっさりめにアレンジ。
現地では厚切り食パンを使っていたので、角食でも。

材料(2人分)
バゲット　1/2本
卵　1個
牛乳　20mℓ
グラニュー糖　大さじ1/2
ピーナッツバター　大さじ1
サラダ油　適量
練乳　適量
ピーナッツ　適宜

1 バゲットは斜めに4等分し、厚みに切り目を入れて内側にピーナッツバターを塗る。
2 ボウルに卵、牛乳、グラニュー糖を入れて泡立てる。
3 フライパンに深さ1cmほどサラダ油を熱し、**1**を**2**にくぐらせて入れ、両面をこんがりと揚げ焼きにする。
4 器に盛り、練乳をかけ、あれば砕いたピーナッツを散らす。

point
卵液を泡立てて衣のように使うことでふっくらしたフレンチトーストになります。ここでは、卵液に浸さず、さっとくぐらせるだけで、フリットのような仕上がりに。

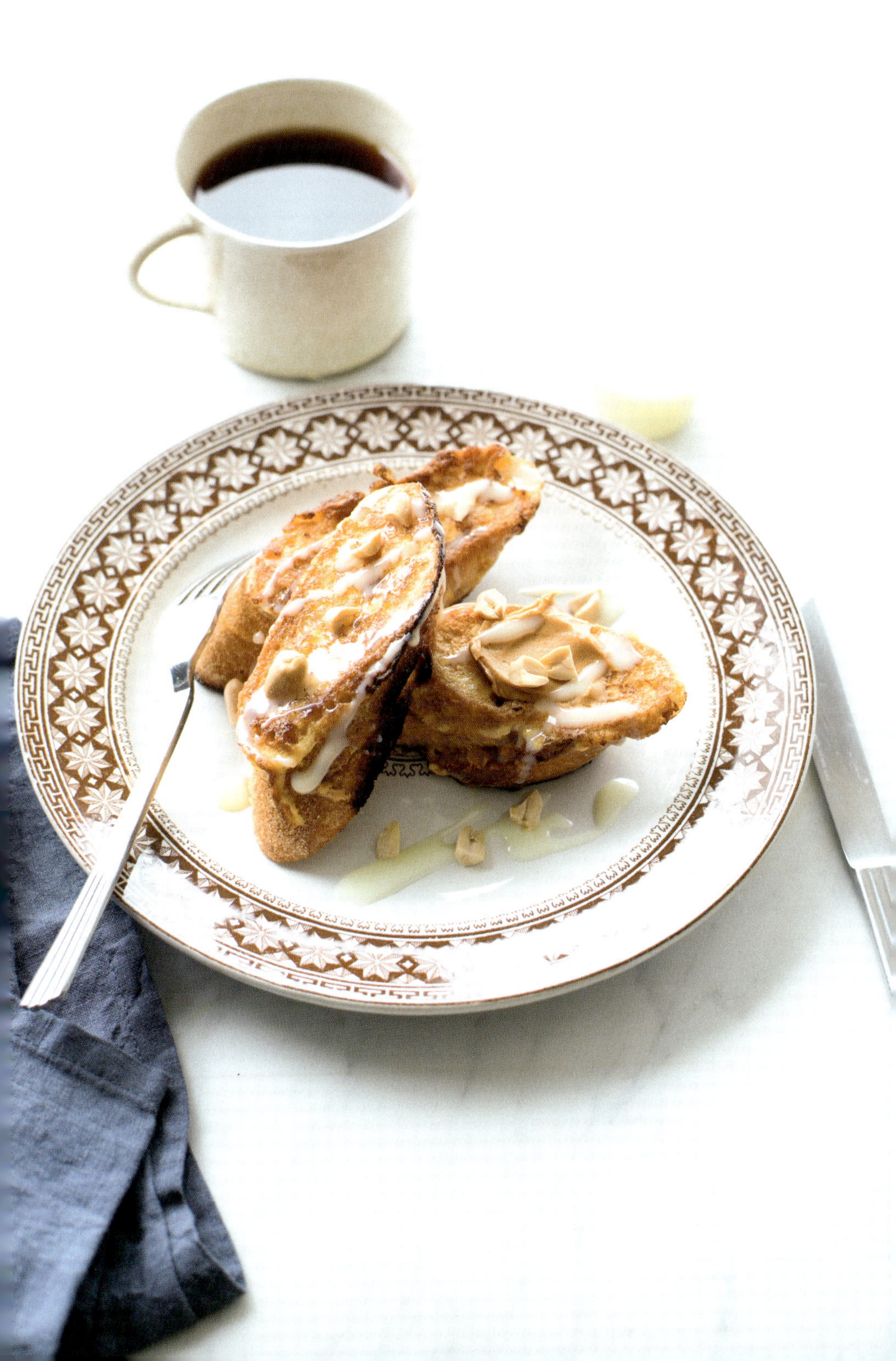

クラシック・フレンチトースト

じっくりと卵液に浸したフレンチトーストは極上のおいしさ。保存用ポリ袋を使うことで、卵液がまんべんなく浸透します。フライパンがオーブンに入らなければ耐熱皿などに移して。

材料（2人分）
角食パン（4枚切り）　2枚
卵　2個
グラニュー糖（または上白糖）　大さじ3
牛乳　160mℓ
バニラビーンズ　1/3本
バター　大さじ2
メープルシロップ　適量

※下準備……オーブンを180℃に予熱する。

1 ボウルに卵とグラニュー糖を入れ、泡立て器でよく混ぜる。牛乳を加え、さらに混ぜる。
2 食パンは三角に2等分し（好みで耳は切り落とす）、保存用ポリ袋に入れる。1とバニラビーンズを加え、冷蔵庫でひと晩ねかせる。
3 オーブンに入るフライパンにバター大さじ1を入れて中火にかけ、溶けてきたら2を2切れ入れ、こんがりするまで1分ほど焼く。
4 返したら30秒ほど焼き、オーブンに入れて10分ほど焼く。残りも同様に焼き、器に盛り、メープルシロップをかける。

ココア・フレンチトースト

生地がチョコレート味なだけでなく、中からもチョコレートがとろり。オーブンから出したら、しぼまないうちに大急ぎで食べるのもポイントのひとつです。アツアツをどうぞ。

材料(2人分)
角食パン(4枚切り)　2枚
チョコレート　60g
マーマレード　大さじ2
ココア　大さじ2
グラニュー糖(または上白糖)　大さじ2
湯　大さじ3
牛乳　240ml
溶き卵　2個分
バター　大さじ2
スライスアーモンド　適量

※下準備……オーブンを180℃に予熱する。

1 食パンは半分に切り、厚みに切り目を入れて、切り目の中にチョコレートとマーマレードを詰める。
2 ボウルにココアとグラニュー糖を入れ、分量の湯を少しずつ加えながら練り混ぜる。牛乳を少しずつ加えてのばし、さらに溶き卵を加えてしっかりと混ぜる。
3 保存用ポリ袋に**1**を入れ、**2**を注いで冷蔵庫でひと晩ねかせる。
4 左ページの**3**と同様に焼く。
5 返したら30秒ほど焼き、オーブンに入れて10分ほど焼く。残りも同様に焼き、器に盛り、アーモンドを砕いて散らす。

フレンチトーストのチーズサンド

朝は"しょっぱい味派"、という方におすすめなのが、ホットサンドのように仕上げたフレンチトーストです。バジルがなければトマトや青じそを入れて作ってみてくださいね。

材料（2人分）
サンドイッチ用食パン　4枚
卵　1個
A
　牛乳　60mℓ
　グラニュー糖（または上白糖）　小さじ1
　塩　少々
ロースハム　2枚
シュレッドチーズ（溶けるタイプ）　30g
フレッシュバジル　4枚
バター　大さじ1

1 ボウルに卵を割り入れ、泡立て器でしっかりほぐす。Aを加えてさらによく混ぜ、バットに移す。
2 パン1枚にハム1枚、チーズの半量、バジル2枚をのせ、もう1枚パンをのせてはさみ、まわりを押さえつけるようにする。同様にもう1つ作る。
3 フライパンにバター大さじ1/2を入れて中火にかけ、溶けてきたら2を1にくぐらせて入れ、2分ほど焼く。返したら弱火にして2分ほど焼く。残りも同様に焼く。

揚げ焼きフレンチトースト

小さめに切ったパンをこんがり揚げ焼きにする、おやつみたいな朝ごはん。パンがやわらかいと油を大量に吸ってしまうので、乾いてしまったものを使うか、トースターで1〜2分焼きます。

材料(2人分)
角食パン(4枚切り、乾燥したもの)　1枚
卵　1個
牛乳　20mℓ
グラニュー糖(または上白糖)
　大さじ2 1/3
サラダ油　大さじ3

1 ボウルに卵、牛乳、グラニュー糖大さじ1/3を入れて泡立てる。
2 パンは9等分する。
3 フライパンにサラダ油を入れて中火にかけ、2に1をからめて入れ、全体がこんがりするまで揚げ焼きにする。
4 仕上げにグラニュー糖大さじ2をまぶす。

朝ごはんが楽しくなるコラム 1　バターを作ろう

バターは家庭でも作ることができます。濃厚な生クリームをひたすら攪拌してこすだけ。出てきた水分は乳清（ホエー）なので、パンケーキやビスケットに入れればとてもしっとりしておいしくなります。保存は2〜3日で。

材料(作りやすい分量)
生クリーム(動物性、乳脂肪分42%以上のもの)　120㎖、塩　適宜

1 ボウルに生クリームを入れ、泡立て器で攪拌する。ハンドミキサーや、瓶に入れて上下にシェイクしてもOK。

2 ざるに厚手のキッチンペーパー（またはガーゼ）を敷いて1をのせ、水けをきる。冷蔵庫で30分からひと晩おく。

3 仕上げにキッチンペーパーを茶巾状にしてしっかりと水けをきる。塩を加えたい場合は、容器に移してから混ぜる。

4 フレッシュなバターのでき上がり！風味を味わうため、そのままパンやパンケーキなどに塗って召し上がれ。

第3章
フルーツで朝ごはん

ビタミンCたっぷりのフルーツは朝いちばんに食べたいもの。彩りもカラフルで気持ちも上がります。早起きした朝はフレッシュフルーツをむくだけじゃなくて、ちょっとひと手間。体もお肌もよろこび、爽快な一日を過ごせそう。

フルーツサンド

大好きなフルーツサンド。フルーツをたっぷりはさむコツは、生クリームをしっかり立てること。前の晩に作っておくとパンとクリーム、フルーツがなじみ、切るのも食べるのも楽ちん。

材料(2人分)
角食パン(10枚切り)　4枚
いちご　150g
キウイ　1個
マンゴー　50g
生クリーム　カップ1
砂糖　大さじ2
はちみつ　大さじ1
サワークリーム　50g
　(P.60参照。またはヨーグルト100gを2時間以上水きりしたもの50g)

1 いちごはへたを取って縦半分に、キウイとマンゴーは皮をむいて食べやすく切る。
2 ボウルに生クリームと砂糖を入れ、八分立てに泡立てる。はちみつを加え、サワークリームを少しずつ加えてそのつど泡立て器で混ぜる。
3 パン2枚に半量の**2**を塗って**1**のフルーツを並べる。パン2枚に残りの**2**を塗り、上からはさむ。
4 耳を切り落とし、2〜3等分に切る。

point
サワークリームを入れると分離しやすくなるので、しっかりしたクリームを作ってから、サワークリームを少しずつなじませます。一度に入れると混ざりきりません。

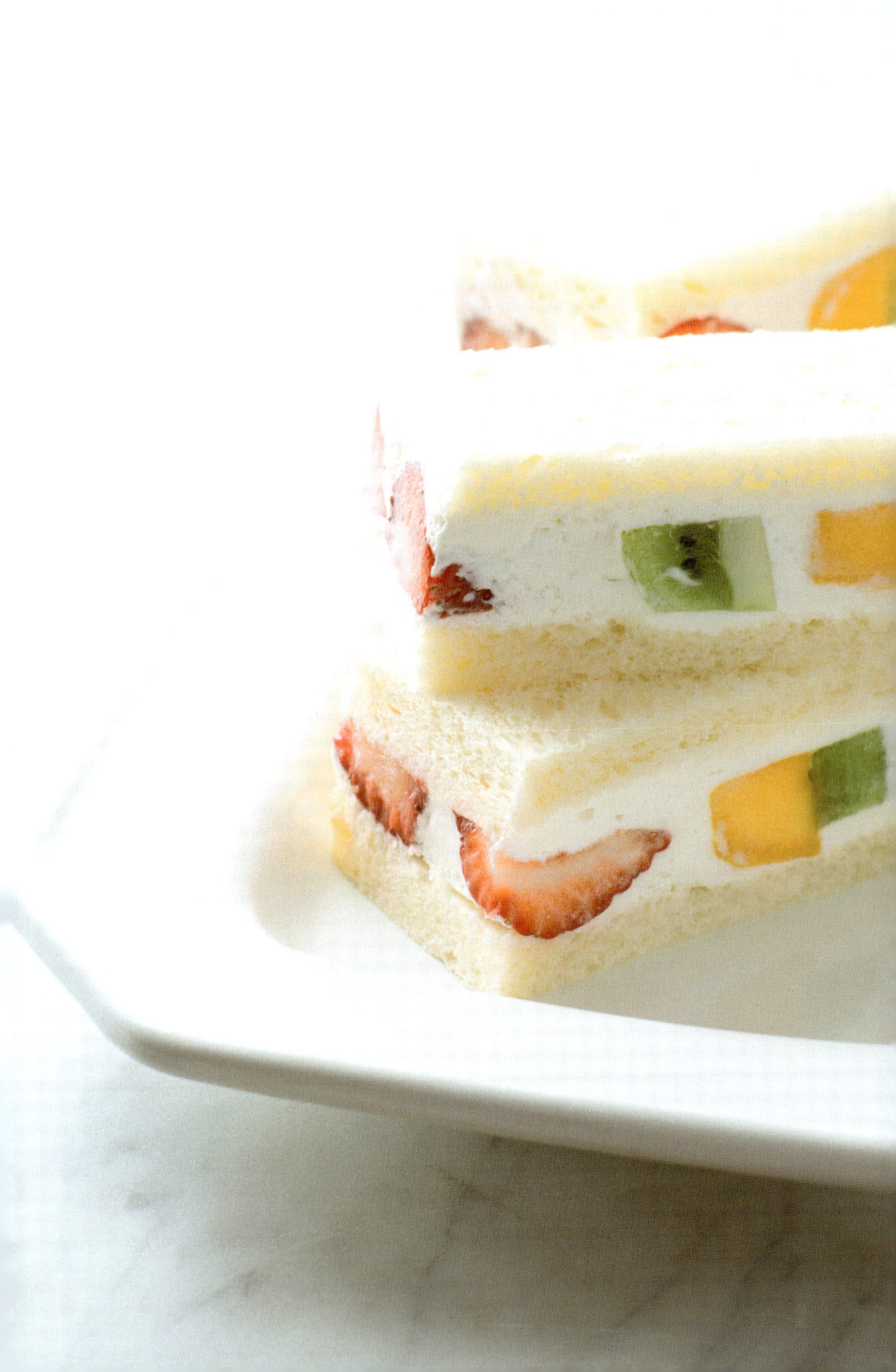

フルーツジャーサラダ

人気のジャーサラダは、かわいいだけでなくフルーツをフレッシュに保つ役割もあります。作りおきの朝食だけでなく、ピクニックや手土産にもぴったりのキラーアイテムに。

材料（245mlの瓶1瓶分）
バナナ　1/2本
キウイ　1/2個
いちご　5〜6粒
オレンジ　1/2個
＊合計200g分の好みのフルーツでもOK。
ドライマンゴーの粗みじん切り
　　大さじ1
ヨーグルト　50g
はちみつ　大さじ1

1 バナナとキウイは皮をむき、いちごはへたを取ってそれぞれ食べやすく切る。オレンジは房から取り出す。
2 瓶にヨーグルト、はちみつ、ドライマンゴーを入れてよく混ぜる。
3 バナナ、オレンジ、いちご、キウイを順に重ね入れ、しっかりとふたをして上下を返しておく。冷蔵庫で保存。

材料（480mlの瓶1瓶分）
オレンジ　1個
いちご　5〜6粒
メロン　100g
キウイ　1個
マンゴー　50g
＊合計400g分の好みのフルーツでもOK。
A
│　はちみつ　大さじ1
│　砂糖　大さじ1
│　水　カップ1/4
ライム果汁　大さじ1
ライムの皮のすりおろし　少々
しょうがのすりおろし　小さじ1

1 オレンジは房から取り出す。いちごはへたを取って縦半分に切る。メロン、キウイ、マンゴーは皮をむいて食べやすく切る。
2 耐熱容器にAを入れて電子レンジで30秒ほど加熱する。粗熱が取れたらライム果汁と皮、しょうがを加えて混ぜる。
3 瓶にオレンジ、いちご、メロン、キウイ、マンゴーを順に重ね入れ、**2**を注ぎ入れる。しっかりとふたをし、上下を返しておく。保存は冷蔵庫で。

point
瓶は上下を返しておくことで味が全体になじみます。密閉されるので2〜3日はみずみずしいまま食べられますが、半日くらいおいたものが食べごろです。作りおきの朝食にぴったり。

フルーツボウル

フルーツボウルというとアサイーなどがポピュラーですが、手に入りにくい！　そんなときはベリー類だけでも十分にビタミンCを摂れます。ぜひサワークリームは自家製にチャレンジしてみて。

材料(2人分)
ブルーベリー、ラズベリー　合計100g
サワークリーム　50g(P.60参照)
生クリーム　カップ1/2
砂糖　大さじ1 1/2
粉糖　適量

1 ボウルに生クリームと砂糖を入れ、八分立てに泡立てる。サワークリームを少しずつ加え、そのつど泡立て器で混ぜる。
2 ボウルにベリー類を盛り、**1**をかけ、粉糖をふる。

point
サワークリーム(P.60参照)はボウルに使うだけでなく、フルーツサンド(P.52)やチーズケーキにも使えます。お料理でもボルシチには定番ですし、ゆでたじゃがいもは塩とサワークリームだけで絶品のひと品に。

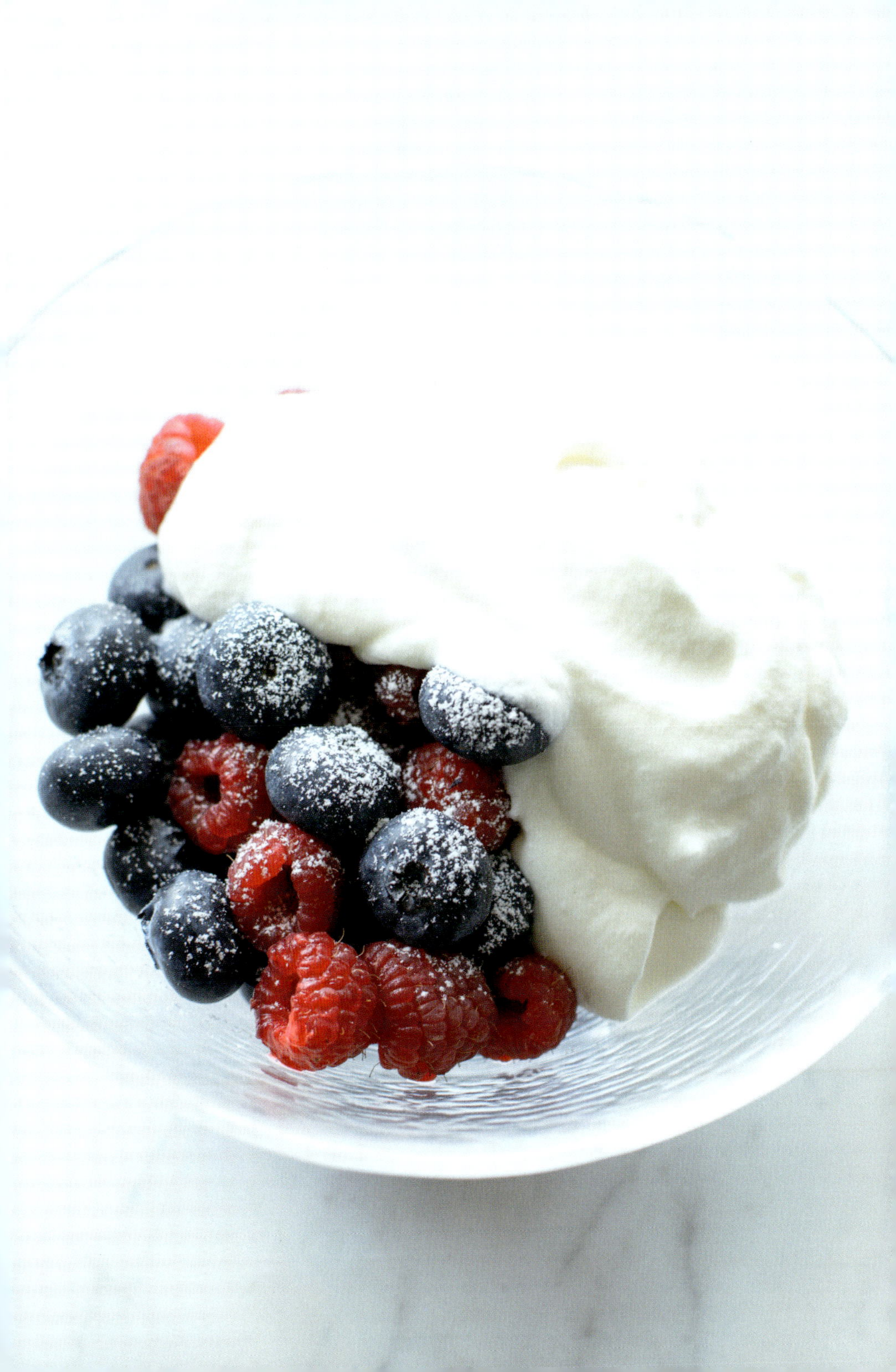

フルーツグラノーラ

最近人気のグラノーラ。好みのドライフルーツを使って手作りしてみましょう。ヨーグルトはもちろん、アサイーボウルにもぴったり。クッキーなどに焼き込むのも香ばしくておいしい！

材料(作りやすい分量)
オートミール　カップ1 1/2
アーモンド(スライス)　カップ1/2
ココナッツファイン　カップ1/2
全粒粉(なくてもOK)　大さじ1
ブラウンシュガー　大さじ1〜3
メープルシロップ(またははちみつ)
　　大さじ2〜4
生クリーム　カップ1/4
塩　少々
好みのドライフルーツ　合計カップ1/3

1 オーブンを150℃に予熱する。
2 ボウルにドライフルーツ以外の材料を入れてよく混ぜる。
3 天パンにクッキングシートを敷き、2を広げ、150℃のオーブンで1時間程度、カリカリになるまで乾燥させる。
4 ドライフルーツを加えて混ぜ、さらに5分ほど焼き、オーブンの中で冷ます。冷めたら食べやすいように砕く。

point
自家製グラノーラは密閉できる保存瓶で10日〜2週間保存できます。冷凍なら1ヵ月はもつので、たっぷり作ってもいいですね。マンゴーなど大きめのドライフルーツは小さく切ります。

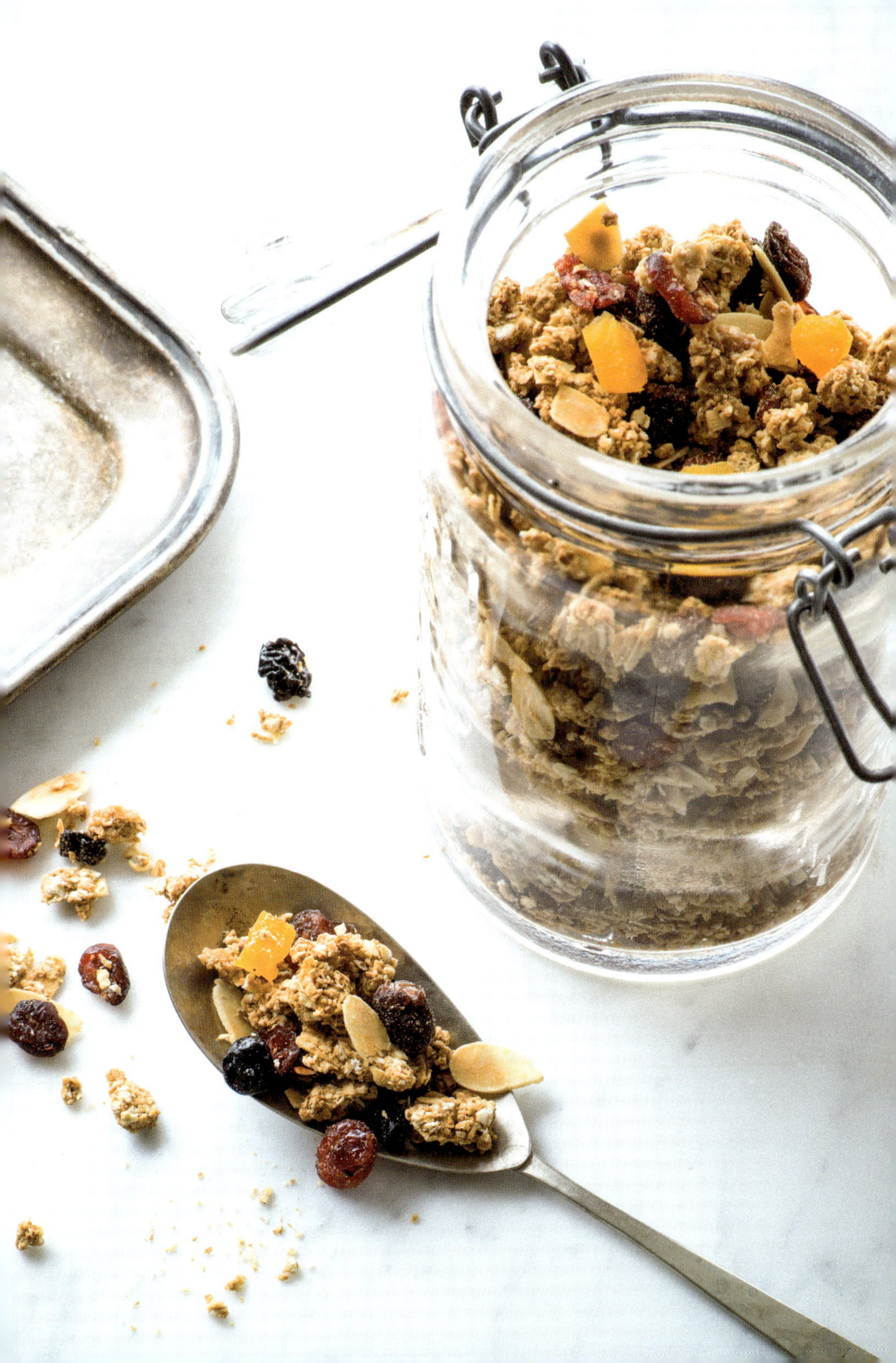

朝ごはんが楽しくなるコラム 2
サワークリームを作ろう

コクと酸味をプラスするのに便利なサワークリーム。ヨーグルトの乳酸菌を使い、常温で生クリームを発酵させることで意外なほど簡単に作れます。冬場は寒すぎると発酵が進みにくいので、その場合はキッチンの中でもコンロのそばなどのあたたかい場所を選んで置いたり、オーブンの発酵モードを使うとうまく発酵します。

材料(作りやすい分量)
生クリーム(動物性、常温にもどす)　カップ1/2
ヨーグルト　大さじ1

1 ボウルに生クリームを入れ、ヨーグルトを加えて混ぜる。
2 ラップをかけ、常温で半日ほど(暑い時期は2〜3時間)おいて、発酵させる。

タプナードを作ろう

フランスのプロヴァンス地方でポピュラーなタプナードは、オリーブとアンチョビを使った深みのある塩けが特徴です。生野菜に少しつけるだけで思いっきりフレンチなサラダになります。冷蔵庫で1週間、熱湯消毒した瓶なら2週間程度の保存も問題なし。あれば松の実を加えると、よりいっそうコクが出ます。

材料(作りやすい分量)
黒オリーブ(種を除く)　100g
アンチョビ　10g
ケーパーの酢漬け　大さじ1
にんにくのみじん切り(またはすりおろし)　大さじ1/2
レモン果汁　大さじ1
オリーブオイル　90mℓ

1 黒オリーブ、アンチョビ、ケーパー、にんにくはミキサー(またはフードプロセッサー)で攪拌(かくはん)する。
2 レモン果汁、オリーブオイルを加えて混ぜる。

第4章
卵さえあれば

卵ほど朝食が似合う食材もありません。しかも、調理法は無限！　目玉焼きやゆで卵だけでもおいしいけれど、たまにはホテルみたいなオムレツを焼いてみたり、話題の卵料理に挑戦してみては？　いつもある食材だからこそ、アレンジをたくさん覚えておきたいですね。

エッグスラット

ロサンゼルスで人気の卵料理は、ジャムなどの空き瓶で作れます。マッシュポテトは前日までに作っておき、朝は卵を入れて湯せんするだけ！　瓶ごとお弁当や手土産にもどうぞ。

材料（2瓶分）
卵　2個
じゃがいも　1個（約150g）
牛乳　80mℓ
バター　大さじ1
塩、こしょう　各適量

好みのパン　適量

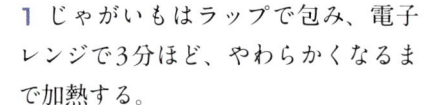

1 じゃがいもはラップで包み、電子レンジで3分ほど、やわらかくなるまで加熱する。
2 1の皮をむいてボウルに入れ、フォークなどでつぶす。人肌くらいに温めた牛乳とバターを加えて混ぜ、塩、こしょうで味をととのえる。
3 瓶に2を入れ、卵を割り入れる（ふたはしない）。
4 鍋にキッチンペーパーを敷いて3を置き、湯を深さ3cmほど注ぎ入れる。ふたを布巾でくるんでのせ、7〜8分中火で湯せんする。
5 塩、こしょうをふり、器にのせて、好みのパンを添える。

point

湯せんにかけるときは、鍋のふたを布巾でくるみます。これは、水滴が鍋の内側に落ち、エッグスラットの瓶に入ってしまわないようにするため。プリンなどを作るときにも使える技です。

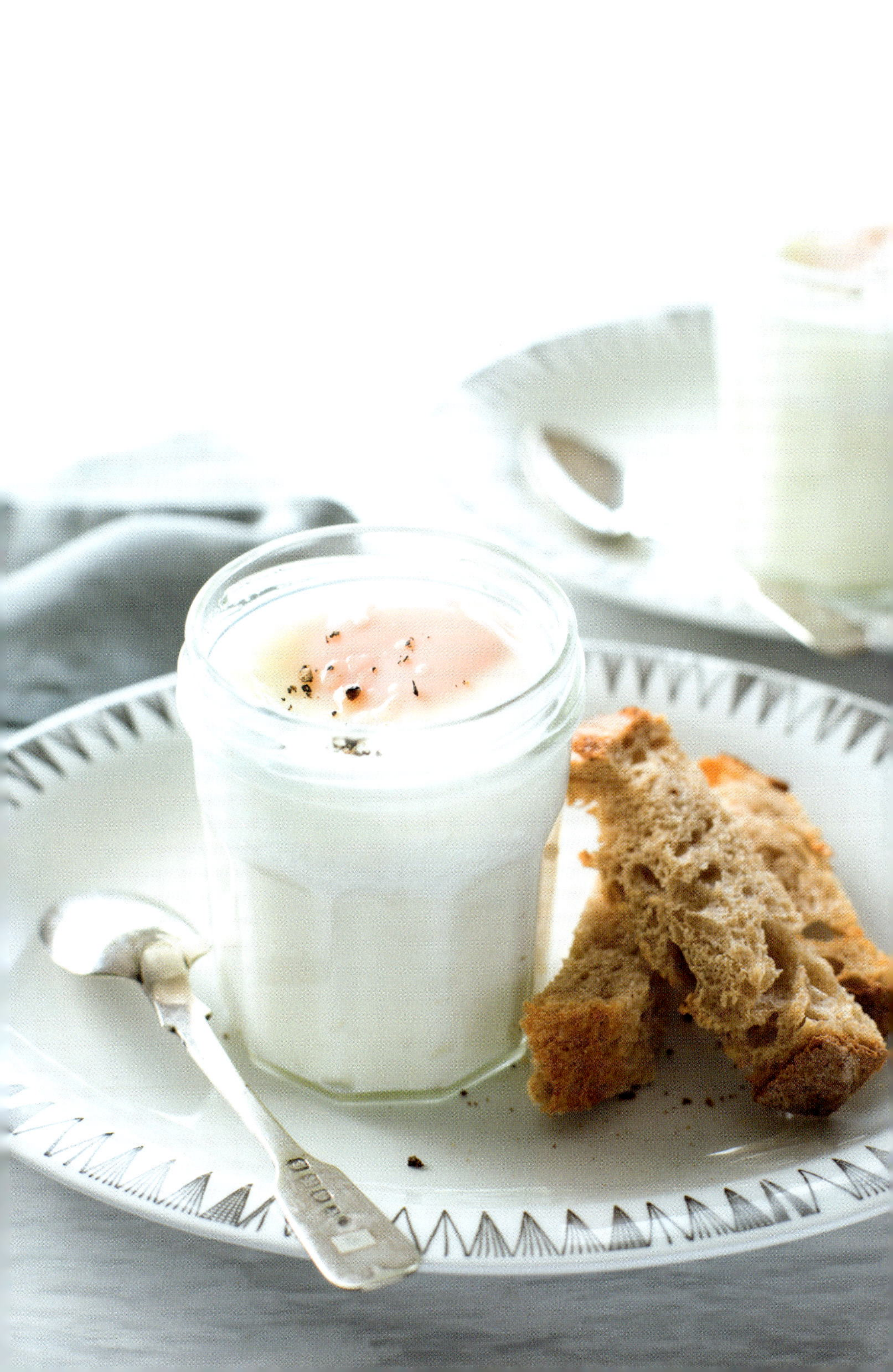

ゆで卵のサンドウィッチ

小さなころから食べていた、という人も多いのではないでしょうか。懐かしい味を少していねいに。ゆで卵の粗さや耳の残し方でも表情が変わります。今回はトマト入りで大人っぽくしてみました。

材料(2人分)
ゆで卵　3個
プチトマト　2個
マヨネーズ　大さじ1
塩、こしょう　各少々
角食パン(10枚切り)　4枚
ピクルス　適量

1 ボウルにゆで卵を入れ、フォークなどで好みの粗さにつぶす。
2 プチトマトはへたを取って湯むきし、種を除き小さめに切る。
3 1に2を加え、マヨネーズ、塩、こしょう、トマトを切るときに出た水分があればそれも加えてあえる。
4 パン2枚に3を塗って残りのパンではさみ、ラップで包む。バットなどをのせて軽く重しをし、30分以上おく。器に盛ってピクルスなどを添える。

point
トマトを入れることで少しの酸味が味を引き締めてくれ、さらにトマトの水分が加わることでゆで卵のタルタルがふっくらします。サンドウィッチは重しをしてパンと具がしっかりくっつくようにするのもポイントです。

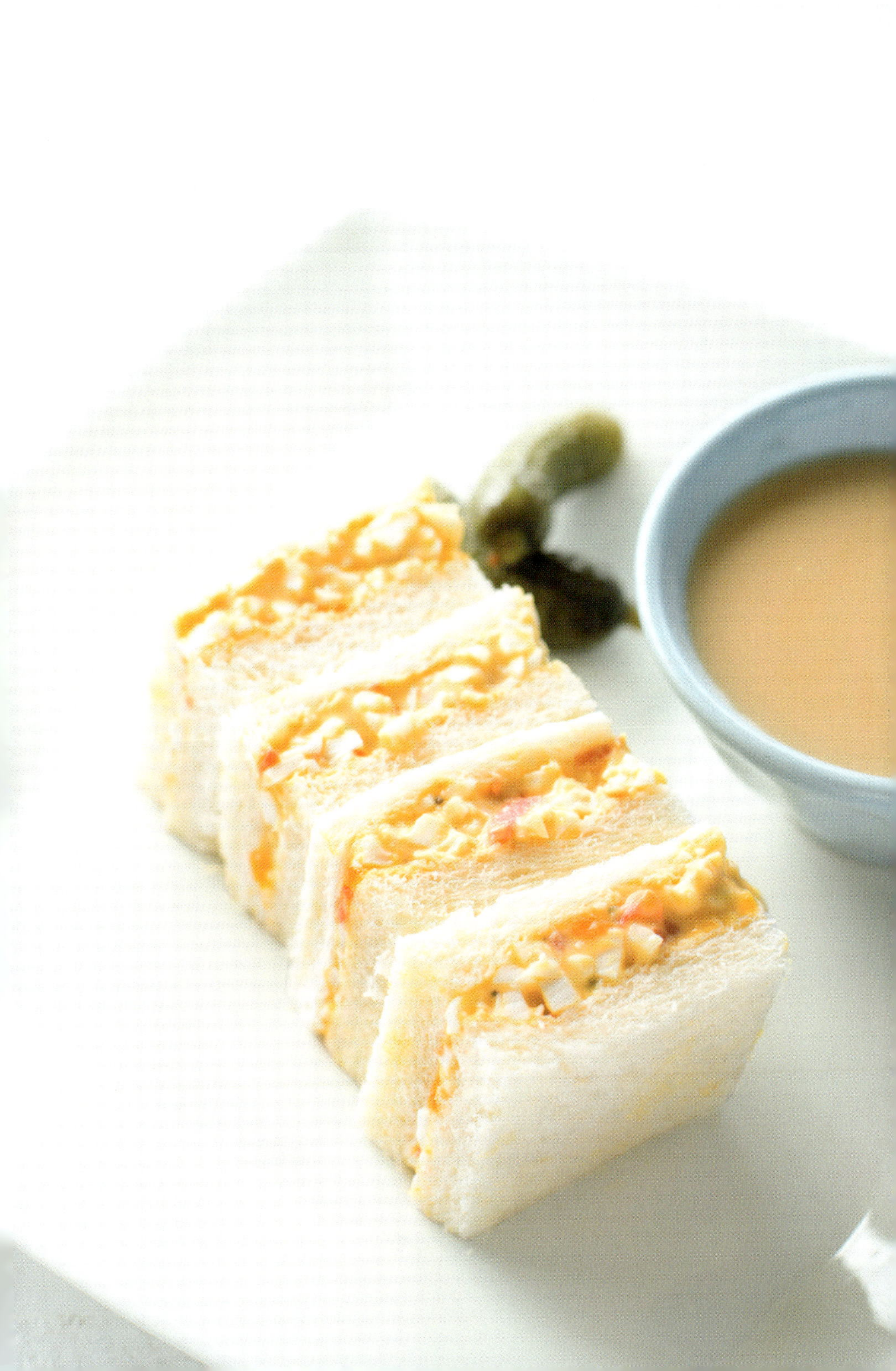

エッグベネディクト

こちらも大人気の朝食メニュー、もはや定番になりましたね。本場アメリカではひとりでポーチドエッグ2個をぺろり。私のレシピでは1人分を半量にしたのでたくさん食べたい方は調整を。

材料(2人分)
イングリッシュマフィン　1個
ロースハム　2枚
レタス　2枚
ポーチドエッグ(P.74参照)　2個
オランデーズソース
　卵黄　1個分
　白ワイン　大さじ1
　塩　少々
　溶かしバター　50g
　白ワインビネガー
　　(またはレモン果汁)　小さじ1
　ヨーグルト　大さじ1

1 オランデーズソースを作る。ヨーグルトはキッチンペーパーをのせたざるに入れ、軽く水けをきる。
2 ボウルに卵黄、白ワイン、塩を入れて湯せんにかけ、泡立て器で混ぜる。白っぽくなったらバターを少しずつ加えて、そのつど混ぜる。白ワインビネガーを加えて混ぜ、なじんだらヨーグルトを少しずつ加え、そのつど混ぜる。
3 マフィンは上下2つに分けオーブントースターでこんがりと焼く。
4 3にハム、レタス、ポーチドエッグ(P.74参照)をのせ、オランデーズソースをかける。

point
オランデーズソースはベネディクトに欠かせないものです。湯せんにかけながら材料を順に、ていねいに混ぜていきましょう。最初に卵黄がもったりした状態になるまで泡立て器で混ぜます。

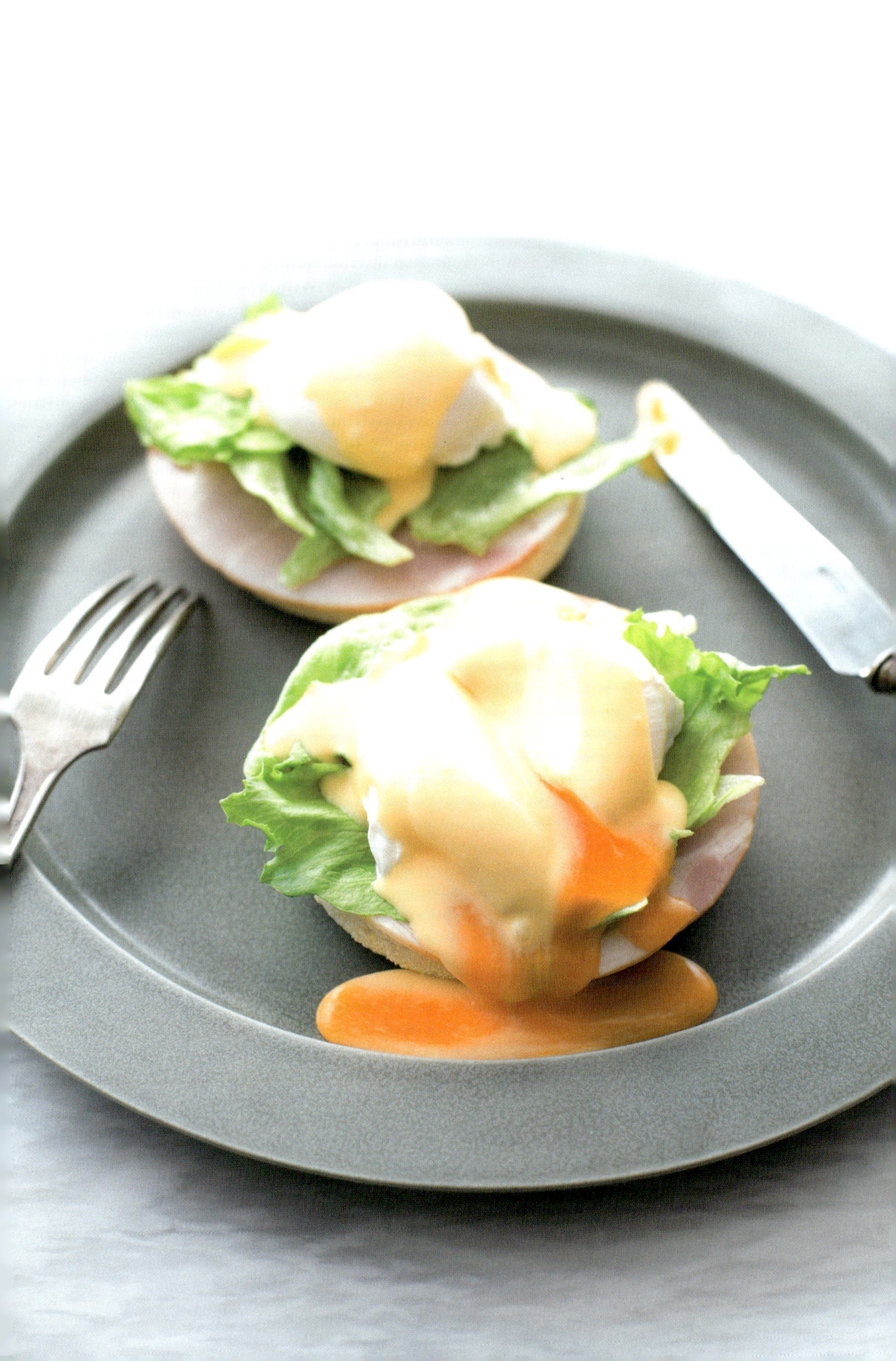

半熟卵のサラダ

リヨン風のサラダです。いろいろなバリエーションがありますが、半熟卵とベーコンは必ず入ります。ここではクルトンをのせてクリスピーに。サラダ用ほうれんそうやマッシュルームも合います。

材料(2人分)
ポーチドエッグ(P.74参照)　2個
ベーコンの薄切り　2枚
角食パン(8枚切り、乾燥したもの)　1枚
サニーレタス、フリルレタス(または好みの葉野菜)　合計100g
レモン　1/4個
ドレッシング
　オリーブオイル　大さじ2
　白ワインビネガー　小さじ2
　粒マスタード　小さじ1
　塩、こしょう　各少々

1 乾燥したパンは1cm角に切り、オーブントースターで2〜3分、色がつかない程度に焼く。
2 ベーコンは1cm幅に切る。フライパンに入れて中火で炒め、脂が出てきたら1を加えてさらに炒める。
3 レタスは水に放ち、手でちぎって水けをきる。
4 ドレッシングの材料はよく混ぜ合わせる。
5 器にレタスを盛り、2、ポーチドエッグをのせてドレッシングをかけ、レモンを添える。

目玉焼きトースト

映画「月の輝く夜に」で観た、卵のせの"月のトースト"とトマトの"太陽のトースト"。私は"月"が特にお気に入りです。映画の中ではバゲットでしたが、食べやすい食パンで作りました。

材料(2人分)
卵　2個
角食パン(8枚切り)　4枚
スライスチーズ(溶けるタイプ)　2枚

1 パン2枚は中央を四角くくりぬく。
2 残りのパン2枚にチーズをのせ、それぞれに1のパンを重ねる。
3 中央の穴に卵を割り入れ、オーブントースターで4〜5分、白身が固まるまで加熱する。オーブンの場合は180℃に予熱し、10分加熱する。くりぬいた部分も同様に焼く。好みで塩、こしょうを振る。

プレーンオムレツ

ホテルライクな朝食を楽しみたいときは、やっぱりオムレツ！ 今回はプレーンでご紹介しましたが、余っているチーズを入れたり、ハーブオムレツ、しらす入りのオムレツもよく作ります。

材料（1個分）
卵　3個
生クリーム　大さじ2
バター　大さじ1
塩、こしょう　各少々

ベーコン　1枚
マッシュルーム　3個

1 ベーコンは長さを半分に、マッシュルームは大きければ縦半分に切る。
2 フライパンにベーコンを入れて焼き、脂が出たらマッシュルームを加えて炒める。こんがり焼けたら器に盛る。
3 ボウルに卵を割り入れ、生クリーム、塩、こしょうを加え、フォークなどで白身を切るように混ぜる。
4 フライパンにバターを入れ中火で溶かし、**3**の卵液を一気に流し入れる。
5 菜箸でスクランブルエッグのように混ぜながら焼き、返しながら形をととのえ、**2**の器に盛る（上手に作るコツはP.84参照）。

オムレツサンド

卵がたっぷりなので、より贅沢でタルタルとは違った趣。せん切りキャベツやレタスをはさむのもおすすめです。トマトケチャップ味が懐かしい！オムレツの成形に失敗してしまったときにも。

材料(1～2人分)
プレーンオムレツ(P.70、84参照)　1個
角食パン(10枚切り)　2枚
トマトケチャップ　大さじ2

1 パン2枚にトマトケチャップを塗り、1枚にオムレツをのせ、残りのパンではさむ。
2 ラップで包み、バットなどをのせて重しにし、30分以上おく。
3 耳は切り落とし、三角形に切る。

フリッタータ

イタリア風の具だくさんオムレツはみんなで朝食を楽しむときにぴったりのメニューです。冷めてもおいしいので、前日に作っておいても大丈夫ですし、お弁当にもアレンジできます。

材料（2人分）
卵　3個
じゃがいも　80g
ズッキーニ　60g
パルメザンチーズ（粉末）　大さじ3
牛乳　大さじ1
塩、こしょう　各少々
オリーブオイル　大さじ4
※フライパンは直径18cmのものを使用。

1 じゃがいもは皮をむいて薄切りにし、水にさらす。ズッキーニは薄切りにする。

2 フライパンにオリーブオイル大さじ3を入れて弱火にかけ、水けをきったじゃがいもを焼く。じゃがいもが透き通ってきたらズッキーニを加えて焼き、火が通ったら取り出す。

3 ボウルに卵を割り入れ、チーズ、牛乳、塩、こしょうを加えてよく混ぜ、**2**を加えて軽く混ぜる。

4 フライパンに残りのオリーブオイルを入れて弱火にかけ、**3**を流し入れ、ふたをして4〜5分焼き、卵の表面が乾いてきたら返してさらに焼く。好みで片面だけ焼いてもOK。

卵とトマトのココット焼き

熱を加えたトマトは甘みと酸味が凝縮して、卵と相性抜群。オレガノやタイムも合うのでハーブ類は何か必ず入れてほしいです。また、モッツァレラや溶けるタイプのチーズを加えるのもおすすめ。

材料(2人分)
卵　2個
トマト　100g
フレッシュバジル　2〜3枚
にんにくのみじん切り　1/2かけ分
オリーブオイル　大さじ1
塩、こしょう　各少々

1 トマトは湯むきして1cm角に切る。ボウルに入れ、バジルとにんにくを加えてオリーブオイルであえる。
2 ココット2個に1を半量ずつ入れ、それぞれに卵を割り入れ、塩、こしょうをふる。
3 オーブントースターで7〜8分、オーブンの場合は180℃に予熱してから12分ほど、白身が固まるまで焼く。

朝ごはんが楽しくなるコラム 3　　ポーチドエッグを作ろう

白身は優しく固まり、黄身はとろ〜んと半熟。そんなポーチドエッグは朝ごはんの食卓を上質にしてくれます。エッグベネディクトには欠かせませんし、サラダにのせればドレッシングのようにも使えます。油を使わないのでヘルシーなのもうれしいですね。コツを押さえれば簡単・短時間で作れますから、ぜひお試しください。

材料
卵　1個
酢　湯1ℓに対し大さじ3
塩　小さじ2

1 卵は容器に割り入れる。酢と塩は味つけではなく、白身をきれいに固めるため。スピードが大切なので道具は揃えておく。

2 鍋にたっぷりの湯を沸かして酢と塩を入れる。菜箸で湯をぐるぐると混ぜ、渦状の水流を作る。空いている手に卵を準備。

3 卵を渦の真ん中に入れる。鍋底にくっつかないよう混ぜながら1〜2分ゆで、白身が固まったらでき上がり。

4 キッチンペーパーにとって水けをきり、器に盛る。密閉容器に入れて冷蔵庫で保存すれば一日くらいはOK！

第5章
朝のスープ

朝はスープとパンでシンプルに済ませるのも好きです。食欲がないときや前日食べすぎてしまった日にはスープだけ。クリーミーなものや野菜の滋味がたっぷりと溶け出したスープは、心もホッとさせてくれる味わいです。

グリーンピースのヴィシソワーズ

初夏の生グリーンピースが手に入ったら作りたいのは、エメラルドグリーンの爽やかなスープ。なければ冷凍豆でも作れます。ぜひ入れてほしいのは、爽やかさをアップさせるミントです。

材料(2人分)
グリーンピース　100g
じゃがいも　80g
玉ねぎ　30g
バター　小さじ1
牛乳　カップ1/4
生クリーム　25ml
水　カップ1
塩、こしょう　各少々
ピンクペッパー(粒)、ミント　各適量

1 じゃがいもと玉ねぎは皮をむき、薄切りにする。
2 鍋に1とバターを入れて中火にかけ、玉ねぎが透き通ってきたらグリーンピースと分量の水を加えて弱火で15分ほど煮る。
3 そのまましばらくおいて粗熱が取れたらミキサーで撹拌する。
4 牛乳、生クリームを加えて軽く混ぜ、塩、こしょうで味をととのえる。冷蔵庫で冷やして器に盛り、ピンクペッパーとミントを添える。

point
スープは瓶で保存すると密閉度が高いので味が変わりづらくなります。器にラップをかけて保存するより冷蔵庫にも入れやすく、おもたせにするときにもかわいらしくて便利です。

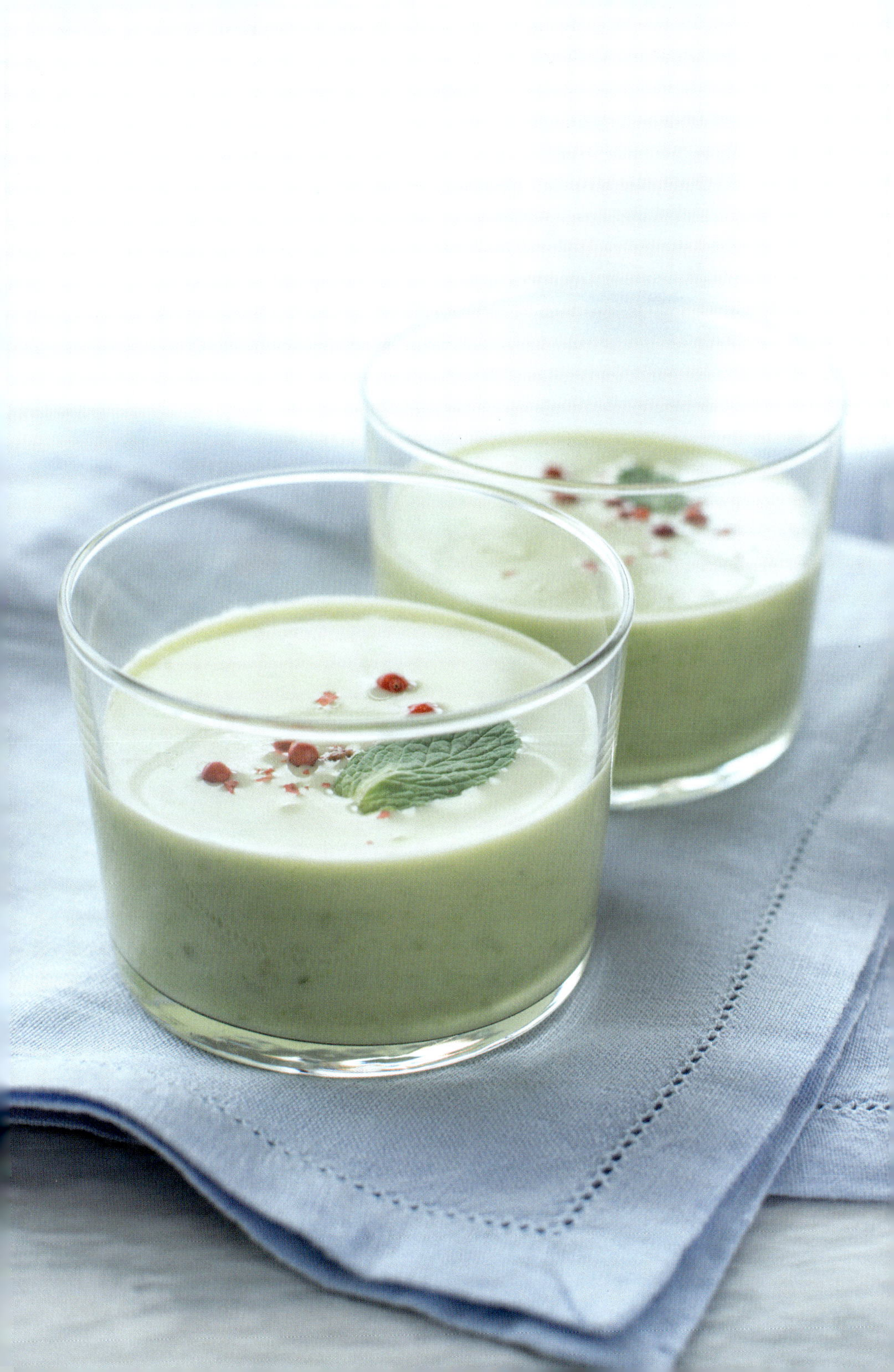

かぼちゃのポタージュ

夏の終わりから甘みがぐんと増すかぼちゃ。お好みでスパイスやハーブを加えると新しい表情を見せてくれます。例えば、クミンを加えるとオリエンタル風に。ローズマリーも合いますね。

材料(2人分)
かぼちゃ　100g
玉ねぎ　10g
バター　小さじ1
水　カップ1/2
牛乳　カップ3/4
塩、こしょう　各少々
ナツメグ、シナモン(ともに粉末)
　各少々
生クリーム　適量
イタリアンパセリ　適量

1 かぼちゃは種とわたを取り、電子レンジで3分ほど加熱する。皮をむき、一口大に切る。玉ねぎは薄切りにする。
2 鍋に玉ねぎとバターを入れて中火にかけ、玉ねぎが透き通ってきたらかぼちゃを加えて炒め、分量の水を加えて弱火で15分ほど煮る。
3 牛乳を加えてミキサーで攪拌する。
4 なめらかになったら鍋に戻して火にかけ、塩、こしょうで味をととのえ、ナツメグ、シナモンをふる。
5 器に盛って生クリームを加え、イタリアンパセリを添える。

point
電子レンジでやわらかくしたかぼちゃはミキサーにかけてピューレ状にし、冷凍保存すると便利。私は100gずつに分けておき、スープやお菓子にも使います。製菓材料店で買える冷凍ピューレも味が安定しておすすめ。

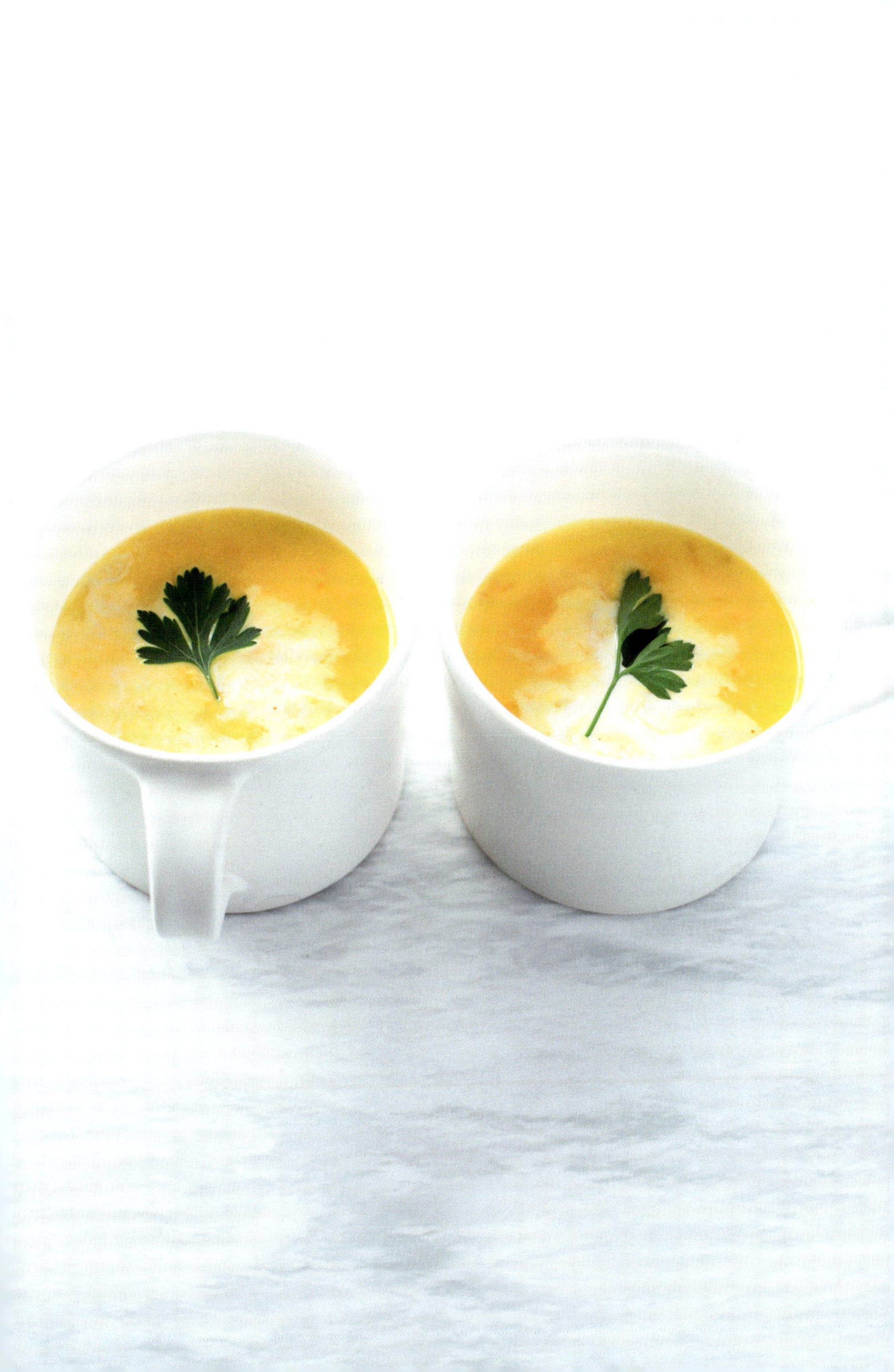

丸ごと玉ねぎと大麦のスープ

とろとろになるまで煮た玉ねぎの甘さは驚くほど。小さめの玉ねぎがあったら、ぜひ丸ごと味わってください。大麦は食物繊維が豊富で食べごたえがあり、朝食スープに入れたい優秀穀物です。

材料(2人分)
玉ねぎ(小)　2個
バター　大さじ1
水　カップ2½
大麦　30g
塩、黒こしょう　各少々

1 玉ねぎは皮をむき、上下の硬い部分は切り落とす。
2 鍋にバターと1を入れ、弱火で軽くソテーする。
3 分量の水と大麦を加え、大麦がやわらかくなるまで弱火で15分ほど煮る。
4 塩で味をととのえ、器に盛って黒こしょうをふる。

きのこのクリームスープ

好きなきのこをたっぷりと使ったクリーミーなスープ。ベーコンがコクのもとになってくれます。パスタを入れればおいしいクリームパスタのでき上がり。お好きなスタイルで。

材料(2人分)
好みのきのこ　合計50g
ベーコン　10g
玉ねぎ　10g
チキンブイヨン(市販の固形スープの素を
　分量の湯で溶いたもの)　カップ1½
薄力粉　10g
生クリーム　カップ¼
塩、こしょう　各少々

1 きのこ類、ベーコン、玉ねぎは粗みじんに切る。
2 鍋にベーコンを入れて弱火にかけ、脂が出てきたらきのこ類と玉ねぎを加えて炒め合わせる。
3 玉ねぎが透き通ってきたら薄力粉を加えてなじませ、ブイヨンを注ぎ入れて弱火のまま15分ほど煮る。
4 仕上げに生クリームを加えて混ぜ、塩、こしょうで味をととのえる。

りんごのスープ

今回は冷たく仕上げましたが、温かくしてもおいしいです。シナモンをふるので、ちょっとアップルパイみたいな風味に。風邪などで食欲がない家族のために作ってあげることもあります。

材料(2人分)
りんご　1個
A
　白ワイン　大さじ1
　砂糖　大さじ1
　水　カップ1½
　クローブ(ホール)　1粒
B
　生クリーム　70mℓ
　サワークリーム(P.60参照)　100g
　小麦粉　10g
　卵黄　1個分
シナモン(粉末)　少々

1 りんごは皮をむいて芯を除き、4等分のくし形に切り、さらに半分に切る。
2 鍋に1とAを入れ、りんごが透き通ってくるまで弱火で10分ほど煮る。
3 Bはよく混ぜ合わせ、2に加えてさっと煮る。冷蔵庫で冷やして器に盛り、シナモンをふる。好みではちみつやメープルシロップを入れて甘みを足しても。

あさりとマカロニのスープ

あさりは強力な"だしの素"ですよね。短時間でだしをとることができるので、朝食向きです。マカロニを一緒に煮れば、ひと皿で完結のディッシュスープに。マカロニを米にかえてもおいしいです。

材料(2人分)
あさり　150g
マカロニ　30g
セロリ　50g
にんじん　50g
プチトマト　3個
白ワイン　カップ1/4
水　カップ2
塩、こしょう　各少々

1 あさりは砂抜きをする。セロリは薄切り、にんじんは1.5cm角に、プチトマトはへたを取って縦半分に切る。
2 鍋にあさりと白ワインを入れてふたをし、中火にかける。
3 あさりの口が開いたら、分量の水、野菜類、マカロニを加え、少し火を弱めて10分ほど煮る。塩、こしょうで味をととのえる。

朝ごはんが楽しくなるコラム 4　オムレツを上手に作ろう

材料
卵　3個
生クリーム　大さじ2
バター　大さじ1
塩、こしょう　各少々

ホテルの朝食みたいなきれいなオムレツを作りたくて、練習しました。フライパンとお皿を手際よく動かすのがポイントです。そして、きれいな形にならなくても、最後にラップで包んで成形すればそれなりに美しくなる！　という解決法も。どうにも形が整わなければ、パンにはさんでサンドウィッチにしてみましょう。(P.70、71参照)

1 卵は白身を菜箸で切るようによく混ぜる。卵液をざるでこし、生クリーム、塩、こしょうを加えてさらに混ぜる。

2 よく熱したフライパンにバターを溶かし、1を流し入れる。混ぜながら焼き、底が固まってきたら手前から奥に寄せる。

3 片手に皿を持ち、フライパンを傾け、卵の奥側を内側に丸めるように皿に移す。皿も傾けるとやりやすい。

4 万一、うまくいかなくても大丈夫！ 熱いうちにラップをかけ、手で押さえてきれいに成形すればOK。

第 6 章
パンのおともを作りおき

朝食はパン派という方は、自家製で保存がきくアイテムを作りおきしてはどうでしょう。ジャムはもちろんのこと、しょっぱい系のペーストもトーストによく合います。どれも熱湯消毒した清潔な瓶に入れて保存してください。

たんぱく質3兄弟

タンドリーチキンマリネ

エスニックな鶏肉のマリネも、パンにぴったりで食欲がわくひと品。サラダにトッピングしたり、サンドウィッチの具にするのもおすすめです。

材料(作りやすい分量)
鶏胸肉　2枚
こしょう　少々
A
　ヨーグルト　カップ1/2
　玉ねぎのすりおろし　1/2個分
　しょうがのすりおろし　1かけ分
　にんにくのすりおろし　1かけ分
　カレー粉　大さじ1
　レモン果汁　大さじ1
　カイエンヌペッパー　少々
　塩　小さじ1弱

玉ねぎドレッシング
　玉ねぎのすりおろし　1/4個分
　にんにくのすりおろし　1/2かけ分
　酢　カップ1/4
　太白ごま油　カップ1/3
　塩　小さじ1/2

1　鶏肉は厚い部分に切り目を入れ、マリネ液がしみ込みやすくする。
2　Aは混ぜ合わせて1とともに保存用ポリ袋に入れ、冷蔵庫にひと晩おく。
3　2を190℃に予熱したオーブンで20分ほど焼く。
4　粗熱が取れたらスライスする。
5　玉ねぎドレッシングの材料を混ぜ合わせて保存瓶に入れ、4を加えて冷蔵庫で保存する。食べるときに好みでこしょうをふる。保存は2～3日で。

サーモンのペースト

美しいピンク色のペーストは、サーモンのうまみがたっぷり。ハーブとの相性もいいので、好みのハーブと一緒にパンに添えてみてください。

材料（作りやすい分量）
スモークサーモン　60g
クリームチーズ（またはサワークリーム。P.60参照）　60g
生クリーム（または牛乳）　大さじ3
レモン果汁　少々

1 スモークサーモンとクリームチーズは適当な大きさに手でちぎり、フードプロセッサーで攪拌（かくはん）する。
2 生クリームを少しずつ注いでさらに攪拌し、なめらかにする。
3 レモン果汁で味をととのえ、保存瓶に入れる。保存は2〜3日で。

ゆで豆のマリネ

ひよこ豆のホクホクしたおいしさを閉じ込めます。一緒に入れるハーブを香菜（シャンツァイ）にかえるとエスニックな風味のマリネにもなりますよ。気分で試してみて。

材料（作りやすい分量）
ゆでひよこ豆★　200g
オリーブオイル　大さじ2
塩　少々
レモン　1/4個
イタリアンパセリ　適量

1 ボウルにひよこ豆、オリーブオイル、塩を入れて軽く混ぜ、レモンを絞り入れてよくあえる。
2 手でちぎったイタリアンパセリと、レモンの薄切り（分量外）とともに保存瓶に入れる。保存は2日。

★ゆでひよこ豆の材料と作り方
1 乾燥ひよこ豆1袋（120g）は4〜5倍の水にひと晩浸してもどす。
2 1をざるに上げて鍋に入れ、ひたひたの水、にんにく1かけ、塩少々を加えて中火にかけ、沸騰したら弱火にして20〜30分ゆでる。あくが出たら除く。

野菜3兄弟

キャロットラペ

デリでも人気のお惣菜は、パンにのせたり、サンドウィッチにはさんだり。白ワインビネガーはレモン果汁やおうちにある酢で代用してもOKです。

材料(作りやすい分量)
にんじん　1本
ドライマンゴー(あれば)　15g
塩　小さじ1/3
オリーブオイル　小さじ2
白ワインビネガー　小さじ1

1 にんじんはスライサーなどでせん切りにし、ドライマンゴーは刻む。
2 ボウルに1のにんじんと塩を入れてよくもみ、水けを絞る。
3 2とドライマンゴーを合わせ、オリーブオイル、白ワインビネガーであえる。3〜4日保存可能。

野菜のエチュベ

「エチュベ」とは水を使わず、素材の水分を使って蒸し煮にする調理法のこと。酢をきかせてピクルスみたいに。冬はかぶやカリフラワーで作っても。

材料（作りやすい分量）
ブロッコリー 1/2個
ズッキーニ 1/2本
きゅうり 1/2本
A
　白ワインビネガー 大さじ1
　レモン果汁 大さじ1
　砂糖 大さじ1
　塩 大さじ1/4
　オリーブオイル カップ1/2
コリアンダーシード 小さじ2/3

1 野菜はすべて一口大に切る。
2 Aはよく混ぜ合わせて1とともに鍋に入れ、中火で一煮立ちさせる。
3 コリアンダーシードを加えて混ぜ、粗熱が取れたら保存瓶に入れる。1週間保存可能。

なすのキャビア

プロヴァンス地方でポピュラーななすの食べ方。濃厚で、別名"貧乏人のキャビア"といいます。タイムやバジル、赤唐辛子を加えてもおいしいですよ。

材料（作りやすい分量）
なす 250g
トマト 50g
にんにく 1/2かけ
オリーブオイル 大さじ2
塩 小さじ1/2
こしょう 少々

1 なすは網などで焼きなすのように皮が焦げるまで焼く。水にとって皮をむき、粗みじんに切る。
2 トマトはへたを取り、粗みじんに切る。にんにくはみじん切りにする。
3 フライパンにオリーブオイル、にんにくを入れて中火にかけ、香りが立ったらなす、トマト、塩、こしょうを加えて炒める。
4 粗熱が取れたら保存瓶に入れる。保存は3〜4日で。

ジャム3兄弟

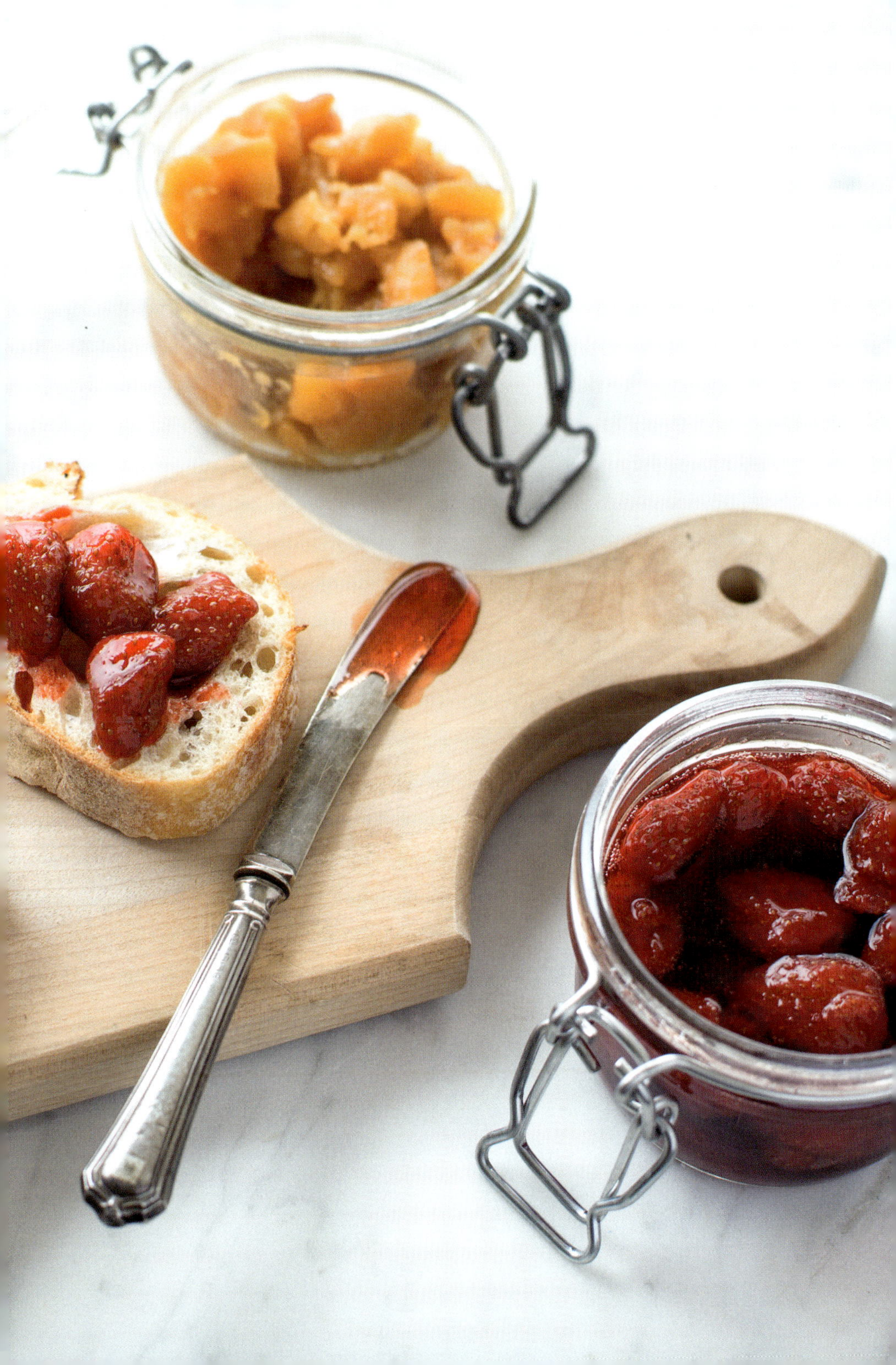

キウイとバナナのジャム

思い立ったらすぐ作れるトロピカルなジャムです。
キウイの種のプチプチ感も楽しめます。砂糖は少なめでOK！

材料(作りやすい分量)
バナナ　1本
キウイ　1個
砂糖　50g

1　バナナとキウイは皮をむいて5mm角に切り、砂糖をまぶす。
2　小鍋に入れて弱火にかけ、5分ほど煮る。バナナの角が取れたらでき上がり。保存は1週間ほど。

赤ワイン風味のいちごジャム

定番のいちごジャムに赤ワインを加えると、味も色合いも深まります。大人っぽい味のジャムになりました。私のお気に入りです。

材料(作りやすい分量)
いちご　2パック
砂糖　140g
赤ワイン　カップ1/4
レモン果汁　1/4個分

1　いちごはへたを取り、砂糖をまぶす。
2　鍋に1、赤ワイン、レモン果汁を入れて中火にかけ、とろりとするまで10分ほど煮る。保存は1週間ほど。

キャラメル風味のりんごジャム

りんごをキャラメリゼしながらジャムにしたような雰囲気。
生クリームやバターを少し加えると濃厚になっておいしいです。

材料(作りやすい分量)
りんご　1個
砂糖　60g

1　りんごは皮をむいて芯を除き、7mm角に切る。
2　鍋に砂糖を入れて中火にかけ、全体が茶色くなってきたら1を加え、弱火にして10分ほど煮る。保存は1週間ほど。

おわりに

「朝ごはんの本を作りましょう」となったときに、その場にいたスタッフ全員が「朝、食べたいものがキッチンにあると思うと早起きできるよね！」という意見で一致しました。そして、読んだ人が「あれを食べたいから起きよう」と早起きできるような本を作ることにしたのです。

実際にレシピを眺めてみると、私の大好物、そして早起きの特効薬が並んでいました。簡単に作れて、朝、もしくは前日寝る前にワクワクできるもの、なんといっても食べて幸せな気持ちになれるものばかりです。

朝ごはんをちゃんと楽しんで食べた日は、一日が濃厚に感じられます。ていねいに暮らす、第1ステップのように思うのです。もし毎日できなくても、ちょっと意識して朝ごはんを楽しむ。それを重ねていくのは人生にとって大事なことになりそう、と言ったら大げさでしょうか。

この本ができて、改めてもっと朝ごはんを楽しもう！　という気持ちになりました。明日はなにを作って食べよう？　またいい一日になりそうです。

2015年7月　　　　　　　　　　　　　　　　　　若山曜子

タイムスケジュールインデックス

**朝起きてから
10分で完成！**

きゅうりとヨーグルトの冷たいスープ　10
サルモレホ　12
ソパ・デ・アホ　14
豆乳オートミール　16
カリカリベーコンパン　18
蒸しパンプレート　20
板チョコバゲット　22
アボカドトースト　24
りんごとチーズのはちみつクロワッサン　26
レーズンシュガートースト　28
オイルサーディントースト　30
プルアパートブレッド　34
ブリュレパン　36
フルーツボウル　56

**前の晩から仕込んでおけば
朝ラクラク！**

レバノントースト　32
オーバーナイトパンケーキ　38
クラシック・フレンチトースト　46
ココア・フレンチトースト　47
手作りバター　50
フルーツサンド　52
フルーツジャーサラダ　54
フルーツグラノーラ　58
サワークリーム　60
タプナード　60
エッグスラット　62
フリッタータ　72
グリーンピースのヴィシソワーズ　76

15〜20分でできる！

スフレパンケーキ　40
キャラメルパイナップルパンケーキ　41
基本のパンケーキ　42
チーズとコーンのパンケーキ　43
香港風フレンチトースト　44
フレンチトーストのチーズサンド　48
揚げ焼きフレンチトースト　49
目玉焼きトースト　69
プレーンオムレツ　70、84
卵とトマトのココット焼き　73
ポーチドエッグ　74
キウイとバナナのジャム　92
キャラメル風味のりんごジャム　92

**余裕のある朝、
30分〜1時間かけて作る**

ゆで卵のサンドウィッチ　64
エッグベネディクト　66
半熟卵のサラダ　68
オムレツサンド　71
かぼちゃのポタージュ　78
丸ごと玉ねぎと大麦のスープ　80
きのこのクリームスープ　81
りんごのスープ　82
あさりとマカロニのスープ　83

**休日に時間をかけて
作りおきしておくもの**

タンドリーチキンマリネ　86
サーモンのペースト　87
ゆで豆のマリネ　87
キャロットラペ　88
野菜のエチュベ　89
なすのキャビア　89
赤ワイン風味のいちごジャム　92

若山曜子（わかやま・ようこ）
東京外国語大学フランス語学科卒業後、パリへ留学。ル・コルドン・ブルー パリ、エコール・フェランディを経て、パティシエ、グラシエ、ショコラティエ、コンフィズールのフランス国家資格（C.A.P.）を取得。パリのパティスリーやレストランで経験を積み、帰国。現在はカフェでデザートメニューの監修や雑誌、テレビ、企業へのレシピ提案のほか、自由が丘付近の自宅で少人数制のお菓子と料理の教室を主宰。最近はスイーツのみならず惣菜関係でも人気を集める料理研究家として活躍中。
著書に『パウンド型ひとつで作るたくさんのケーク』『バターで作る／オイルで作るスコーンとビスケットの本』(以上、主婦と生活社)、『スクエア型のケークとタルト』『作りおきできる　フレンチデリ』『フランスの素朴なおやつのもと』(以上、河出書房新社)、『ジャーサラダ』『ジャーケーキ』(以上、宙出版)、『はじめてのポップオーバーBOOK』(マイナビ)など多数。

ブックデザイン　若山嘉代子（L'espace）
撮影　結城剛太
スタイリスト　岩﨑牧子
構成　北條芽以
調理アシスタント　尾崎史江、清水えり

講談社のお料理BOOK

ごきげん朝ごはん
「そうだ、あれ食べよう！」は最高のめざまし

2015年7月22日　第1刷発行

著者　若山曜子
発行者　鈴木哲
発行所　株式会社講談社
　　　　〒112-8001　東京都文京区音羽2-12-21
　　　　電話（編集）03-5395-3527
　　　　　　（販売）03-5395-3606
　　　　　　（業務）03-5395-3615
印刷所　凸版印刷株式会社
製本所　株式会社国宝社

定価はカバーに表示してあります。
落丁本・乱丁本は、購入書店名を明記のうえ、小社業務あてにお送りください。
送料小社負担にてお取り替えいたします。
なお、この本についてのお問い合わせは、生活実用出版部 第一あてにお願いいたします。
本書のコピー、スキャン、デジタル化等の無断複製は著作権法上での例外を除き禁じられています。
本書を代行業者等の第三者に依頼してスキャンやデジタル化することは、
たとえ個人や家庭内の利用でも著作権法違反です。

©Yoko Wakayama 2015, Printed in Japan
ISBN978-4-06-299643-3